MÚSICA   CULTURA POP   LIFESTYLE   COOKBOOKS
CRIATIVIDADE & IMPACTO SOCIAL

TINA SEELIG

ENCONTRE SUA CRIATIVIDADE

REDESCUBRA SEU POTENCIAL CRIATIVO COM ESTRATÉGIAS SIMPLES

Tradução
Thaís Iannarelli

Belas Letras

Copyright © Tina Seelig

Nenhuma parte desta publicação pode ser reproduzida, armazenada ou transmitida para fins comerciais sem a permissão do editor. Você não precisa pedir nenhuma autorização, no entanto, para compartilhar pequenos trechos ou reproduções das páginas nas suas redes sociais, para divulgar a capa, nem para contar para seus amigos como este livro é incrível (e como somos modestos).

Este livro é o resultado de um trabalho feito com muito amor, diversão e gente finice pelas seguintes pessoas:
Gustavo Guertler (*publisher*), Mariane Genaro (edição), Germano Weirich (revisão), Celso Orlandin Jr. (capa e projeto gráfico) e Thaís Iannarelli (tradução)
Obrigado, amigos.

2021
Todos os direitos desta edição reservados à
Editora Belas Letras Ltda.
Rua Coronel Camisão, 167
CEP 95020-420 – Caxias do Sul – RS
www.belasletras.com.br

Dados Internacionais de Catalogação na Fonte (CIP)
Biblioteca Pública Municipal Dr. Demetrio Niederauer
Caxias do Sul, RS

S452e   Seelig, Tina Lynn
            Encontre sua criatividade: redescubra seu
         potencial criativo com estratégias simples /
         Tina Seelig; tradutora: Thaís Iannarelli.
         - Caxias do Sul: Belas Letras, 2020.
            224 p.

            ISBN: 978-65-5537-044-7
            ISBN: 978-65-5537-046-1

            1. Criatividade. I. Iannarelli, Thaís. II. Título.

20/117   CDU 159.954

Catalogação elaborada por Vanessa Pinent, CRB-10/1297

À querida Sylvine.

SUMÁRIO

Introdução **8**

1. Comece uma revolução **24**

2. Que venham as abelhas **38**

3. Construa, construa, construa, salte! **54**

4. Você está prestando atenção? **74**

5. Reinado da mesa **94**

6. Pense nos cocos **112**

7. Mude a ração do gato de lugar **126**

8. Cobertura de marshmallow **144**

9. Mova-se rapidamente e quebre as coisas **160**

10. Se algo puder dar errado, conserte! **178**

11. De dentro para fora e de fora para dentro **192**

Agradecimentos **214**

Notas **218**

INTRODUÇÃO

IDEIAS NÃO SÃO BARATAS, SÃO GRATUITAS

Provocativo. Só uma palavra: provocativo.

Até pouco tempo atrás, estudantes que queriam ingressar na All Souls College, na Universidade de Oxford, faziam o "teste de uma palavra". O ensaio, como era chamado, era muito esperado e temido pelos participantes. Cada um deles virava um pedaço de papel ao mesmo tempo e se deparava com uma única palavra, que poderia ser "inocência", "milagres", "água" ou "provocativo". O desafio era desenvolver um ensaio nas três horas seguintes inspirado pela palavra.

Não havia respostas certas nesse teste. Porém, cada texto trazia reflexões sobre a riqueza de conhecimento dos estudantes, assim como sua habilidade de produzir conexões criativas. De acordo com o *The New York Times*, um professor da Oxford disse: "A revelação da palavra chegou a ser um evento tão empolgante que até quem não estava concorrendo à vaga aguardava para saber qual era"[1]. Esse desafio reforça o fato de que tudo – todas as palavras – cria oportunidades de desenvolver o que você sabe e exercitar sua imaginação.

Esse tipo de criatividade não foi estimulado em muitos de nós. Não vemos tudo ao nosso redor como uma oportunidade para desenvolver a inteligência. Na verdade, a criatividade deveria ser uma obrigação. Ela permite adentrar em um mundo

ENCONTRE SUA CRIATIVIDADE

em constante metamorfose e abre um universo de possibilidades. Com a criatividade aguçada, em vez de olhar para os problemas, visualizamos as potencialidades; em vez de obstáculos, vemos as oportunidades; em vez de desafios, enxergamos a chance de criar soluções inovadoras. Olhe ao seu redor e perceba que os inovadores entre nós são os que obtêm sucesso em todas as áreas, da ciência à tecnologia, da educação às artes. Ainda assim, a solução criativa para os problemas raramente é ensinada em escolas e sequer é considerada uma habilidade que pode ser aprendida.

Infelizmente, há uma frase constantemente reproduzida, que diz que "ideias são baratas". Essa afirmação exclui o valor da criatividade e está completamente errada: as ideias são incrivelmente valiosas. Elas levam a inovações que alimentam as economias do mundo e fazem com que nossa vida não seja repetitiva e estática. São os guindastes que nos tiram da rotina e nos levam ao progresso. Sem a criatividade, estamos não só condenados a uma vida de repetições, mas que dá passos para trás. Nossos maiores fracassos não são na execução, mas na imaginação. Como dizia o famoso inventor americano Alan Kay: "A melhor forma de prever o futuro é inventando-o". Somos todos inventores do nosso próprio futuro. E a criatividade é a essência da invenção.

Como demonstrou muito bem o "teste de uma palavra", cada declaração, cada objeto, cada decisão e cada ação são oportunidades para estimular a criatividade. Esse teste, um dos muitos aplicados durante vários dias na All Souls College, foi considerado o mais difícil do mundo. Exigia tanto uma amplitude de conhecimento quanto uma rica dose de imaginação. Matthew Edward Harris, que fez o teste em 2007, recebeu a palavra "harmonia". Ele escreveu no *Daily Telegraph* que se sentiu como um *chef* que procura na geladeira ingredientes diferentes para fazer uma sopa"[2]. A metáfora singela é um

INTRODUÇÃO

lembrete de que temos a oportunidade de desenvolver essas habilidades diariamente, enquanto enfrentamos desafios tão simples quanto fazer uma sopa e tão complicados quanto resolver os grandes problemas do mundo.

Leciono em um curso sobre criatividade e inovação no Hasso Plattner Institute of Design, carinhosamente chamado de "d.school"*, na Universidade de Stanford. É um complemento ao meu trabalho em tempo integral como diretora-executiva do *Stanford Technology Ventures Program* (Programa de Empreendimentos Tecnológicos)**, na Escola de Engenharia de Stanford. Nossa missão é fornecer aos estudantes de todas as áreas o conhecimento, as habilidades e as atitudes necessárias para aproveitar as oportunidades e resolver os maiores problemas do mundo com criatividade.

No primeiro dia de aula, começamos com um simples desafio: redesenhar um crachá de identificação. Digo aos alunos que não gosto dos crachás como são. As letras são muito pequenas e eles não têm as informações que preciso saber. E às vezes ficam pendurados no cinto das pessoas, o que é muito estranho. Os alunos riem quando percebem que também se incomodam com essas questões.

Depois de quinze minutos, a classe substitui os crachás que estão pendurados no pescoço por pedaços de papel bem decorados, com os nomes escritos em letras garrafais – e os novos crachás ficam alinhadamente presos às camisas. Os estudantes ficam felizes por terem solucionado o problema

---

* Hasso Plattner Institute of Design, em Stanford, também chamado de "d.school", compromete-se a ensinar os alunos o *design thinking*. Saiba mais em dschool.stanford.edu.

** O Stanford Technology Ventures Program é o centro para o empreendedorismo da Escola de Engenharia de Stanford, localizado no Department of Management Science and Engineering. Saiba mais em msande.stanford.edu/.

e sentem-se prontos para o próximo desafio. No entanto, eu já estou pensando em outra coisa. Recolho todos os crachás novos e coloco-os no triturador de papel. Todos os alunos me encaram como se eu tivesse enlouquecido.

Então pergunto: "Por que usamos crachás, afinal?". Em princípio, eles acham a pergunta absurda. A resposta não é óbvia? Claro, usamos crachás para que os outros saibam nosso nome. Porém, rapidamente percebem que nunca tinham pensado nisso. Após uma pequena discussão, os estudantes reconhecem que crachás têm várias funções, incluindo estimular conversas entre pessoas que não se conhecem, ajudando, assim, a evitar o desconforto de esquecer o nome de alguém e permitindo a rápida identificação da pessoa com quem se fala.

Com essa visão expandida sobre a função do crachá, os alunos conversam entre si para descobrir como querem se comunicar com pessoas novas e como querem que os outros se comuniquem com eles. Essa conversa traz reflexões interessantes, que levam à criação de novas soluções, quebrando os limites de um crachá tradicional.

Certa vez, um dos grupos foi além das limitações do tamanho de um pequeno crachá e fez camisetas customizadas com uma mistura de informações sobre o usuário, traduzidas em palavras e imagens. Incluíam lugares onde tinham vivido, esportes que praticavam, músicas preferidas e seus parentes. Eles de fato ampliaram o conceito do "crachá". Em vez de usarem uma pequena etiqueta na camiseta, cada uma delas literalmente se tornou um crachá com vários tópicos a serem explorados.

Outra equipe percebeu que seria interessante, ao conhecer alguém, ter informações relevantes sobre a pessoa para que a conversa fluísse e se evitassem silêncios desconfortantes. Eles inventaram um ponto auditivo que envia informações sobre o interlocutor. Discretamente, revela fatos importantes, como

INTRODUÇÃO

a pronúncia correta do nome dela, o local onde ela trabalha e nomes de amigos em comum.

Outro grupo notou que, para facilitar conexões significativas com uma pessoa, é mais relevante saber o que ela está sentindo do que vários fatos sobre ela. Então criaram um kit de pulseiras coloridas, sendo que cada cor denotava um humor diferente. Por exemplo: a pulseira verde significa que você está bem-disposto; a azul, melancólico; a vermelha, estressado; e a roxa, feliz. Combinando cores diferentes, vários sentimentos podem ser comunicados aos outros, o que facilita a primeira conexão entre as pessoas.

Essa tarefa é dada aos alunos para demonstrar uma questão importante: existem oportunidades para solucionar problemas de forma criativa em todos os lugares. Qualquer coisa no mundo pode inspirar ideias geniais – até mesmo um simples crachá. Olhe ao redor, no seu escritório, na sua sala de aula, no seu quarto ou quintal. Tudo o que vê é apto à inovação.

A criatividade é um recurso inesgotável. Podemos acessá-la quando quisermos. Na infância, naturalmente exploramos nossa imaginação e curiosidade na tentativa de entender o mundo complicado ao nosso redor. Experimentamos tudo o que está à nossa volta, derrubando coisas para ver até onde caem, batendo nos objetos para ouvir os barulhos que fazem e tocando tudo o que está ao nosso alcance para sentir como as coisas são. Misturamos ingredientes aleatórios na cozinha para saber que gosto têm, inventamos jogos com nossos amigos e imaginamos como seria viver em outro planeta. Na essência, temos competência criativa e confiança. E os adultos que nos rodeiam encorajam nossos feitos criativos, construindo ambientes que estimulem nossa imaginação.

Quando chegamos à fase adulta, é esperado que sejamos sérios, trabalhemos duro e sejamos "produtivos". Cada vez mais são enfatizados o planejamento e a preparação para o futuro, em vez da experimentação do presente, e os espaços onde trabalhamos refletem esse novo foco. Com esse tipo de pressão externa, bloqueamos nossa curiosidade e criatividade naturais enquanto nos esforçamos para fazer o que se espera de nós. Desistimos de jogar e focamos na produtividade, trocamos nossa rica imaginação para focar na implementação. Nossa atitude muda e nossa aptidão criativa se esvai conforme aprendemos a julgar e dispensar novas ideias.

A boa notícia é que nosso cérebro é feito para solucionar os problemas com criatividade e é fácil reativar nossa inventividade natural. O cérebro humano se desenvolveu durante milhões de anos, de uma pequena quantidade de células nervosas com funcionalidade limitada até um fabuloso complexo otimizado para a inovação. Nosso cérebro altamente desenvolvido está sempre avaliando o ambiente em constante movimento, misturando e combinando respostas para nos adaptarmos a cada situação. Cada frase que criamos é única, cada interação é distinta e toda decisão depende só do nosso livre-arbítrio. Temos a habilidade de criar novas respostas para o mundo ao nosso redor e isso é um constante lembrete de que nascemos para sermos inventivos.

Neurocientista e vencedor do prêmio Nobel, Eric Kandel diz que o cérebro é uma máquina de criatividade[3]. Aparentemente, a quantidade e a variedade de ideias são mediadas pelo lobo frontal, logo atrás da testa. Uma pesquisa preliminar sobre o cérebro, feita por Charles Limb na Universidade Johns Hopkins, demonstra que as partes do cérebro responsáveis pelo automonitoramento desligam-se automaticamente durante iniciativas criativas. Ele utiliza a ressonância magnética, que mede a atividade metabólica em diferentes áreas do cérebro, para estudar a atividade cerebral em músicos de jazz e cantores de rap. Durante o exame, ele pedia aos músicos que improvisassem um

INTRODUÇÃO

trecho de uma música. Enquanto isso, Limb descobriu que uma parte do lobo frontal, considerada responsável pelo julgamento, demonstrava atividade muito menor[4]. Isso implica que, durante o processo criativo, o cérebro desliga a natural inibição de novas ideias. Em muitas situações, é importante se automonitorar para não dizer tudo o que pensa ou fazer o que bem entender. No entanto, ao gerar novas ideias, essa função atrapalha. Pessoas criativas aparentemente são mestres na arte de desligar essa parte do cérebro para que suas ideias fluam de maneira mais natural, soltando sua imaginação.

O título original em inglês deste livro, *inGenius*, reflete o fato que cada um de nós possui gênios criativos esperando para serem libertados. A palavra "*ingenious*" deriva do termo em latim *ingenium*, que significa capacidade natural ou talento inato. Durante séculos, as pessoas questionaram esses talentos naturais e procuravam por fontes de inspiração criativa em outros lugares. Os gregos acreditavam que as deusas, chamadas musas, inspiravam as artes e a literatura, e adoravam-nas por seus poderes*. Mais tarde, na Inglaterra, William Shakespeare invocava sua musa ao escrever sonetos, geralmente clamando por sua ajuda**. Ideias sempre pareceram ser fruto da inspiração e, assim, fazia sentido clamar à musa. Porém, sabemos que, na verdade, é sua escolha colocar em prática sua inventividade interior.

Muitas pessoas questionam se a criatividade pode ser ensinada e aprendida. Acreditam que as habilidades criativas

---

* Havia nove musas e cada uma era responsável por uma forma de expressão, incluindo poesia, dança, música, história, comédia, tragédia e astronomia. A palavra "museu" deriva da palavra "musa" e era um lugar onde as musas eram adoradas.

** Em um dos sonetos de Shakespeare: "Musa, onde estás, que há tanto tempo te esqueces"*. Em outro, ele expressa apreciação à sua musa: "Como pode minha Musa inventar seus motivos,/ Enquanto vives a derramar em meu verso"*. [*Traduções de shakespearebrasileiro.org/sonetos/sonnet-38/. Acesso em: set. 2020. – N.E.]

são fixas e determinadas e, como a cor dos olhos, não pode ser alterada. Acham que, se não são criativas, não existe maneira de aumentar sua capacidade de ter ideias inovadoras. Eu discordo por completo. Existe um conjunto de métodos e fatores ambientais concretos que podem ser usados para ativar a imaginação e, ao otimizar essas variáveis, a criatividade naturalmente se potencializa. Infelizmente, essas ferramentas raramente são apresentadas de maneira formal. Como resultado, algumas pessoas acham que a criatividade é algo mágico e não o resultado natural de um conjunto de processos e condições.

Pode parecer estranho usar ferramentas para desenvolver a criatividade, já que ela requer fazer coisas que ainda não foram feitas. Mas você só precisa de um guia. Assim como os cientistas adotaram métodos científicos de tentativa e erro para traçar experimentos, o desenvolvimento da sua criatividade se beneficia de um conjunto formal de ferramentas para a geração de ideias. Considere que aprendemos a usar o método científico desde que somos crianças. Começando cedo, aprendemos a criar hipóteses e testá-las para descobrir como o mundo em que vivemos funciona. Aprendemos a fazer perguntas proibidas, descartar ideias preestabelecidas e criar experimentos para revelar respostas. Essa importante habilidade e o vocabulário associado a ela foram lapidados por anos, até que se tornaram naturais.

O método científico é de muita valia quando se tenta descobrir os mistérios do mundo. Porém, é necessário um conjunto extra de ferramentas e técnicas – pensamento criativo – quando se trata de inventar e não de descobrir. Essas duas ações são completamente diferentes, mas trabalham em conjunto. Assim como o método científico, o pensamento criativo usa ferramentas bem definidas, desmitificando o caminho para a invenção, e fornece um campo valioso para criar algo

INTRODUÇÃO

novo. Cientistas famosos e inovadores de todos os campos caminham entre a descoberta e a invenção, usando tanto processos científicos quanto criativos. Na verdade, na maioria das vezes, grandes cientistas também são grandes inventores, que apresentam as questões mais inovadoras e inventam métodos geniais para testar suas teorias científicas. É hora de fazer do pensamento criativo parte essencial da nossa educação desde a infância, assim como acontece com o método científico, e de reforçar essas lições por toda a vida.

De certa maneira, já utilizamos o pensamento criativo quando enfrentamos desafios. Alguns deles resultam em soluções criativas e rápidas, assim como usar um sapato para manter a porta aberta, dobrar o canto da página para marcar o ponto do livro em que você está ou substituir ingredientes em uma receita quando não se tem algum. Essas soluções são tão naturais que nem as consideramos como respostas inovadoras para pequenas situações que aparecem diariamente. Porém, outras soluções criativas são significantes o suficiente para atingir indústrias inteiras. Tudo o que usamos foi concebido e inventado por alguém, incluindo alarmes, botões, jogos de cartas, telefones celulares, comerciais, preservativos, fraldas, maçanetas, óculos, processadores de alimentos, vendas de produtos usados, escovas de cabelo, internet, casacos, motores de avião, pipas, lasers, fósforos, copos medidores, cinemas, pregos, clipes, lápis, porta-retratos, rádios, curativos, meias, torradeiras, escovas de dente, guarda-chuvas, taças de vinho e zíperes. Todas essas invenções vieram de pessoas que enfrentaram problemas ou enxergaram uma oportunidade e criaram uma forma de trazer sua inovação para o mundo.

Problemas a resolver sempre existirão, assim como melhorias a serem feitas e produtos inovadores a serem inventados. Cada nova empreitada começa ao se analisar um problema ou responder a uma oportunidade e depende da criatividade dos fundadores. Porém, assim como as pessoas, a maioria das organizações limita suas tendências criativas conforme amadurecem, contraindo seus produtos e processos e focando na execução no lugar da imaginação. Da mesma maneira que os músculos atrofiam pela falta de uso, a inovação se contrai quando é ignorada. Isso é terrível. Ao avançar cegamente, pessoas e organizações ficam cada vez mais atrás daqueles que têm a capacidade de se adaptar criativamente ao ambiente em contínua transformação.

Empresas inovadoras sabem que é extremamente importante ter pessoas em suas equipes que possam responder, de forma criativa, a desafios inesperados. No Google, por exemplo, recrutadores testam os candidatos não só em relação à expertise na área em que vão trabalhar – por exemplo, software ou marketing –, mas também em relação ao pensamento criativo. Eles podem perguntar: "Quantas bolas de golfe caberiam em um ônibus escolar?", "Quantos afinadores de piano existem no mundo todo?" ou "Imagine que você encolheu, ficou do tamanho de uma moeda e depois foi jogado em um liquidificador. As lâminas começarão a se mover em sessenta segundos. Como você se livra dessa situação?". Esse tipo de questão serve para identificar pessoas que conseguem resolver problemas que não possuem uma resposta certa.

Inúmeros cientistas tentaram formalizar uma maneira de mensurar a criatividade e desenvolveram, para isso, testes para calcular o "quociente de criatividade" (QC). Eles poderiam analisar a quantidade de ideias diferentes que um indivíduo propõe em face de um desafio específico – por exemplo, quantas coisas podem ser feitas com um clipe de papel, um selo, um tijolo ou um pedaço de papel. Eles acreditam que, da mesma forma que o quociente de inteligência (QI) é uma medida aproximada da inteligência, esse tipo de medida é útil para avaliar a criatividade[5]. Nesse tipo de teste, algumas pessoas pensam

INTRODUÇÃO

em respostas óbvias, enquanto outras criam uma lista imensa de usos para objetos simples. Assume-se que, quanto maior e mais variada for a lista de usos para um clipe ou um pedaço de papel, mais chances a pessoa tem de criar invenções criativas para situações do mundo real.

Do meu ponto de vista, esse é um exercício interessante de aquecimento, assim como o alongamento antes de uma atividade física. É muito simplista, porém, se seu objetivo for determinar se alguém vai gerar soluções criativas para problemas reais. Em uma competição de ginástica, por exemplo, existe uma longa lista de variáveis que determinam sua capacidade de performance, incluindo treinamento, motivação e equipamentos. A criatividade, assim como a ginástica, é bem complexa e influenciada por diversos fatores, como o conhecimento, a motivação e o ambiente. Essas variáveis são tão importantes para determinar sua criatividade quanto sua capacidade de pensar em uma lista de coisas a se fazer com um clipe ou em como se livrar de um liquidificador. Além disso, a criatividade não é só uma qualidade individual, mas também de grupos, organizações e comunidades inteiras. Assim, faz sentido considerar todas as variáveis que influenciam a genialidade, inclusive habilidades individuais e como o ambiente pode alterá-las.

Meu curso sobre criatividade tem o objetivo de ensinar os alunos a analisar um amplo espectro de fatores – dentro de si mesmos e no mundo – que afetam a genialidade. Usamos muitas técnicas, incluindo workshops, estudos de caso, projetos, simulação de jogos, excursões e visitas de especialistas que trabalham em iniciativas altamente inovadoras. Os estudantes aprendem como melhorar seus poderes de observação, praticam a conexão e a combinação de ideias e se exercitam para desafiar suas próprias ideias e repensar os problemas. Eles saem com um conjunto de ferramentas para o pensamento criativo que facilita a geração de novas ideias.

Durante o curso, os estudantes iniciam vários projetos e cada um deles é desenvolvido para focar em outro aspecto do processo do pensamento criativo. Eles trabalham em grupos interdisciplinares que incluem estudantes de engenharia, ciência, direito, educação, negócios e arte. Essa abordagem multidisciplinar é importante, já que a maior parte dos problemas que enfrentamos hoje requer reflexões daqueles que têm diferentes perspectivas e históricos.

Os alunos também entram em contato com uma gama de ambientes que promovem a criatividade e aprendem como iniciar empreitadas otimizadas para a inovação. Focamos nas variáveis que estão ao seu dispor para desenvolver a criatividade nos grupos, incluindo o redesenho do espaço físico, mudança de regras e alteração dos incentivos na sua organização. Visitamos uma série de empresas para ver como os ambientes encorajam a inovação, e os alunos têm a chance de interagir com os líderes delas para aprender como instituem práticas para incentivar o esforço criativo.

Depois de doze anos lecionando sobre criatividade e inovação, posso afirmar que a criatividade pode ser trabalhada. Os capítulos seguintes estão cheios de detalhes sobre ferramentas e técnicas específicas que funcionam bem, junto com histórias que as levam para a prática. Vamos conhecer meios de aumentar sua capacidade de ver as oportunidades que estão ao seu redor, de conectar e combinar ideias, desafiar teorias e repensar problemas. Vamos explorar maneiras de modificar seu ambiente físico e social, desenvolver sua criatividade e a daqueles com quem você trabalha e vive. Além disso, vamos analisar como sua motivação e o pensamento influenciam sua ação criativa, incluindo sua vontade de experimentar, a capacidade de superar barreiras para encontrar saídas criativas para desafios difíceis e a habilidade de apagar julgamentos precoces em relação a novas ideias.

INTRODUÇÃO

É importante entender que esses fatores se encaixam e se influenciam profundamente. Assim, nenhum deles pode ser olhado isoladamente. Criei um novo modelo – a Máquina da Inovação –, demonstrada a seguir, que ilustra como todos esses fatores trabalham juntos para desenvolver a criatividade. Escolhi a palavra "máquina", [*engine*, em inglês], porque, assim como "*ingenius*", deriva do latim e significa "meio para se obter algo", além de ser um lembrete de que esses traços são naturais a todos nós. Meu objetivo é fornecer um modelo, um vocabulário compartilhado e um conjunto de ferramentas que você possa usar imediatamente de forma a analisar e melhorar sua própria criatividade e a de sua equipe, organização ou comunidade.

MÁQUINA DA INOVAÇÃO

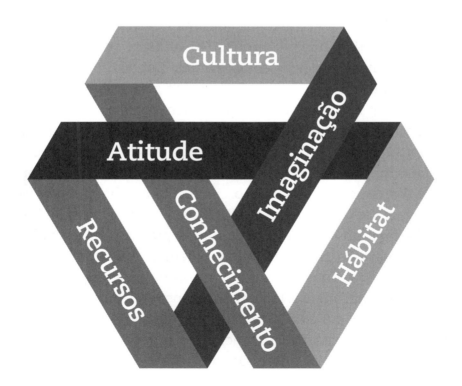

As três partes de dentro da Máquina da Inovação são *conhecimento*, *imaginação* e *atitude*:

✔ Seu *conhecimento* fornece o combustível para a imaginação.

✔ Sua *imaginação* é catalisadora para transformar o conhecimento em novas ideias.

✔ Sua *atitude* é a faísca que aciona a Máquina da Inovação.

As três partes externas da Máquina da Inovação são *recursos*, *hábitat* e *cultura*:

✔ Os *recursos* são todos os bens na sua comunidade.

✔ O *hábitat* é seu ambiente local, inclusive sua casa, sua escola ou seu escritório.

✔ A *cultura* compreende crenças, valores e comportamentos coletivos em sua comunidade.

Assim como a criatividade, à primeira vista, a Máquina da Inovação pode parecer complexa. Neste livro, vou desmontá-la e examinar seus seis componentes. Depois, vou montá-la novamente e demonstrar como todas as partes trabalham em conjunto e se influenciam para desenvolver a criatividade. Você vai ver que a Máquina da Inovação ganha foco quando exploramos cada um dos componentes e analisamos como se encaixam. Vou me concentrar naquelas partes que você controla diretamente: imaginação, conhecimento, hábitat e atitude. E você vai ver que é possível ativá-las de diversas maneiras.

Os capítulos de 1 a 3 exploram o processo de trabalhar sua imaginação, redesenhando problemas, conectando ideias e desafiando teorias. O capítulo 4 foca na construção da sua base de conhecimento, lapidando seu poder de observação. Os capítulos de 5 a 8 analisam os fatores do seu hábitat que influenciam sua criatividade, incluindo espaço, limites, incentivos e dinâmicas de grupo. Os capítulos 9 e 10 observam sua

INTRODUÇÃO

atitude olhando de perto sua vontade de experimentar e capacidade de superar os desafios para solucionar problemas que parecem insolúveis. O capítulo 11, por fim, encaixa novamente os componentes para mostrar como as partes se completam para criar uma máquina poderosa de inovação.

Há um tema recorrente: a criatividade não é algo que você pensa, e sim algo que faz. Nos capítulos seguintes, você aprenderá a colocar sua Máquina da Inovação para funcionar e passará a perceber que cada palavra, cada objeto, cada ideia e cada momento são uma oportunidade dada à criatividade. Não custa nada gerar ideias geniais. E os resultados não têm preço.

1.
COMECE UMA REVOLUÇÃO

Qual é o resultado de 5 + 5?

Quais números somados resultam em 10?

A primeira pergunta só tem uma resposta correta, enquanto a segunda tem quantidade infinita de soluções, incluindo números negativos e frações. Esses dois problemas, que se baseiam em uma simples soma, só são diferentes na forma como estão colocados. Na verdade, todas as questões são a moldura na qual as respostas se encaixam. E como pode ver, ao trocar a moldura, você dramaticamente altera a variedade de possíveis soluções. Albert Einstein dizia: "Se eu tivesse uma hora para resolver um problema e minha vida dependesse dessa solução, eu passaria cinquenta e cinco minutos definindo a pergunta certa a se fazer, porque, quando eu soubesse a pergunta correta, poderia resolver o problema em menos de cinco minutos".

Dominar a capacidade de redefinir problemas é uma ferramenta importante para aumentar sua imaginação, pois isso libera uma vasta gama de soluções. Com experiência, torna-se natural. Tirar fotos é uma ótima maneira de praticar essa habilidade. Quando Forrest Glick, um ávido fotógrafo, deu um curso de fotografia em Fallen Leaf Lake, na Califórnia, mostrou aos participantes como observar uma cena de diferentes pontos de vista, emoldurando suas fotos de distintas formas. Ele pediu que fizessem uma foto com ângulo aberto para capturar o cenário inteiro e depois tirassem uma foto das árvores próximas à costa. Depois, Forrest solicitou que o foco ficasse cada vez mais fechado, com fotos de uma única flor ou de uma joaninha pousada na flor. Ele demonstrou que é possível mudar sua perspectiva sem ao menos mover os pés. Simplesmente subindo ou descendo seu campo de visão, olhando para a esquerda ou para a direita, dá para mudar a imagem completamente. É claro que, se você caminhar até o outro lado do rio, subir no topo da montanha ou entrar no barco, altera a moldura ainda mais.

Um exemplo clássico desse tipo de moldura vem do maravilhoso documentário de 1968, *Powers of Ten*, escrito e dirigido por Ray e Charles Eames. O vídeo, que pode ser visto on-line, divide o universo conhecido por nós em fatores de dez.

Começando em um piquenique no lago de Chicago, esse famoso documentário nos transporta aos extremos do universo. A cada dez segundos, vemos o ponto de partida dez vezes mais distante, até que nossa própria galáxia se torne somente um ponto de luz juntamente com tantas outras. Voltando à Terra em altíssima velocidade, somos levados para dentro – até a mão da pessoa que dorme –, dez vezes mais a cada segundo. Nossa jornada termina dentro de um próton de um átomo de carbono, em uma molécula de DNA, em um leucócito[6].

Esse exemplo magnífico reforça o fato de que você pode analisar todas as situações do mundo de ângulos diferentes: de perto, de longe, de ponta-cabeça e de costas. Criamos molduras para o que vemos, ouvimos e experimentamos o dia inteiro; e essas molduras tanto informam quanto limitam a forma como pensamos. Na maioria das vezes, nós nem consideramos as molduras – somente assumimos que estamos olhando o mundo com as lentes certas. Porém, poder questionar e mudar sua moldura de referência são ações importantes para trabalhar sua imaginação, porque revela pontos de vista completamente diferentes. Isso também pode ser conquistado ao olhar para cada situação do ângulo de pessoas distintas. Por exemplo, como uma criança ou um idoso veriam essa situação? E um especialista, um novato, um residente local ou um visitante? Uma pessoa rica e uma pobre? Um indivíduo alto e um baixo? Cada ângulo fornece uma perspectiva diferente e dá espaço a reflexões e ideias.

Na d.school, em Stanford, os alunos aprendem a ser empáticos com pessoas de tipos diferentes para que possam criar produtos e experiências ligados às suas necessidades específicas. Ao criar empatia, você essencialmente muda sua moldura de referência quando trocar sua perspectiva com a da outra pessoa. Em vez de olhar o problema do seu ponto de vista, você o faz do ponto de vista do seu usuário. Por exemplo, se você tiver de criar algo, seja uma lancheira, seja um módulo lunar, rapidamente descobre que pessoas diferentes têm desejos e exigências distintas. Os alunos aprendem a descobrir essas necessidades observando, escutando, entrevistando pessoas; depois reúnem cada percepção para pintar um quadro detalhado do ponto de vista do usuário.

Outra maneira valiosa de abrir a moldura quando você está resolvendo um problema é fazer perguntas que comecem com "por que". Na sua aula de "encontrar necessidades", Michael Barry propõe a seguinte situação: se eu pedisse que você construísse uma ponte para mim, você poderia simplesmente ir e fazê-la. Ou voltar e perguntar: por que você precisa de uma ponte? Provavelmente eu diria que preciso da ponte para atravessar ao outro lado do rio. Essa resposta abre uma gama de possíveis soluções. Claramente existem muitas formas de atravessar um rio além da construção de uma ponte. Você poderia cavar um túnel, pegar uma balsa, usar um caiaque, uma tirolesa ou atravessar de balão, para não dizer outras.

Você pode ampliar ainda mais o cenário perguntando por que eu quero chegar ao outro lado do rio. Imagine se eu disser que trabalho do outro lado. Isso novamente é uma informação valiosa e aumenta ainda mais a gama de possíveis soluções. Provavelmente existem formas de trabalhar e sobreviver sem atravessar o rio.

O simples processo de perguntar "por que" oferece uma ferramenta incrivelmente útil para expandir o cenário de soluções para um problema. A história da introdução do livro, sobre os crachás, reforça esse conceito. Quando perguntei por que usamos crachás, o escopo de soluções se expandiu exponencialmente.

Poder olhar as situações com diferentes molduras é extremamente importante ao enfrentarmos diferentes tipos de desafio. Considere o fato de que, antes de 1543, as pessoas acreditavam que o Sol e todos os planetas giravam em torno da Terra. Para todos aqueles que olhavam para o céu, parecia óbvio que a Terra era o centro do universo. Mas, em 1543, Copérnico mudou tudo isso ao propor que o Sol era, de fato, o centro do Sistema Solar. Essa foi uma mudança radical de perspectiva – ou moldura – que resultou no que chamamos agora de Revolução Copernicana. Essa mudança de ponto de vista, pela qual a Terra é vista como um dos muitos planetas circundando o Sol, alterou drasticamente a forma como as pessoas pensavam o universo e seus papéis individuais dentro dele. Abriu o mundo da astronomia e forneceu uma nova plataforma para questões. Você também pode começar uma revolução ao olhar para os problemas de diferentes perspectivas.

Alguns artistas e músicos se especializaram em mudar nossa moldura de referência para nos incentivar a ver o mundo com novo olhar. M. C. Escher, por exemplo, é famoso por fazer artes gráficas que brincam com a percepção, desafiando-nos a ver o plano de fundo como o plano de frente e vice-versa. Em uma de suas famosas obras, o plano de frente e o de fundo mostram peixes e pássaros. Conforme você analisa a imagem de cima para baixo, os pássaros no plano da frente entram no plano de fundo, enquanto os peixes do plano de fundo emergem.

Outro exemplo é do compositor John Cage, que criou um trabalho chamado 4'33" (pronunciado "quatro minutos e trinta e três segundos"), composto em 1952 para qualquer instrumento ou combinação de instrumentos. A instrução é que os músicos fiquem quietos, não tocando seus instrumentos por toda a duração da peça. O objetivo é que a plateia foque nos sons do ambiente do auditório, em vez da música. Essa peça controversa é provocativa, já que coloca nossa atenção para os sons que nos rodeiam o tempo todo.

Mais um exemplo musical envolve o renomado violinista Joshua Bell. Ele normalmente se apresenta para casas cheias de pessoas que pagaram centenas de dólares para assistir-lhe. Em 2007, o colunista do *Washington Post* Gene Weingarten pediu a Bell que tocasse em uma estação de metrô em Washington D.C. para ver como as pessoas responderiam a ele em um contexto diferente. Ele estava vestido casualmente, com um boné de beisebol, enquanto apresentava uma obra maravilhosa em seu violino Stradivarius. Weingarten colocou uma câmera escondida na estação para ver como os passantes reagiam. Entre as 1.097 pessoas que viram Bell naquele dia, somente sete pararam para escutá-lo, embora ele estivesse tocando a mesma música que toca no palco. Durante sua apresentação de quarenta e cinco minutos, Bell ganhou somente US$ 32,17 de caixinha, incluindo US$ 20 de alguém que o reconheceu. Quando se apresentou nesse contexto não convencional e a plateia não estava sentada em um auditório, apesar da beleza da música, os ouvintes mal notaram sua existência. Nessas novas molduras, os transeuntes não viram Bell sob a mesma luz que o viram no palco[7].

Podemos praticar a troca das molduras diariamente. Por exemplo, transforme uma pedra ou um pedaço de madeira em arte, colocando-os em exposição. Veja a jovem assistente do seu escritório como uma futura CEO. Ou sente-se no chão para observar como uma criança percebe o mundo. Outra maneira de abalar suas molduras ou referências é mudar o ambiente como um todo. Um ótimo exemplo é descrito por Derek Sivers, fundador da CD Baby, durante sua fala no TED, chamada de *Esquisito ou apenas diferente?*. Ele descreve a maneira como as cidades do Japão são organizadas. Em vez de nomear as ruas e numerar os prédios, como é feito nos Estados Unidos, lá os quarteirões é que são numerados. As ruas são vistas como os espaços entre os quarteirões. Além disso, em cada quarteirão, os prédios são numerados na ordem em que foram construídos e não na ordem em que estão localizados[8]. Isso parece ser natural para aqueles que cresceram no bairro e viram todos os prédios sendo construídos com o passar do tempo. Esse exemplo mostra que a forma como fazemos as coisas é arbitrária. Depende de você enxergar a natureza casual de muitas de suas escolhas e descobrir uma forma de mudar seu ponto de vista para descobrir abordagens alternativas.

Cometemos o erro de assumir que a forma como fazemos as coisas é a única correta. Por exemplo, acreditamos que determinados tipos de roupa são apropriados para uma ocasião específica, entendemos que há certa forma de cumprimentar alguém e fixamos ideias sobre o que deve ser comido em cada refeição do dia. Porém, uma rápida viagem à China, ao México, ao Paquistão ou à Coreia revela normas completamente diferentes em todas essas áreas. Se você for a um restaurante para tomar café da manhã na China, por exemplo, vai encontrar arroz com camarão ou ovos de mil anos; no México, você pode comer uma omelete com *huitlacoche*, uma iguaria feita com fungo do milho; no Paquistão, pode comer sopa feita com cabeça e pés de cabra; e na Coreia, certamente vai comer vegetais fermentados.

No área da gastronomia, alguns *chefs* inovadores estão reinventando completamente a ideia do que é um restaurante e do que poderia ser. Em vez de lugares que vão atrair clientes por um longo período e construir uma relação de fidelidade, alguns *chefs* estão abrindo restaurantes "instantâneos", feitos para existir somente durante um curto período de tempo. Esses restaurantes se parecem com apresentações teatrais[9]. Essa nova moldura altera as possibilidades ligadas a estratégias de decoração, cardápio, garçons e marketing.

Esse tipo de pensamento pode ser aplicado a qualquer indústria, em qualquer lugar. Por exemplo, os diretores da área de alimentos do Tesco, na Coreia do Sul, estabeleceram a meta de aumentar substancialmente sua fatia de mercado, mas precisavam encontrar uma maneira criativa de fazer isso. Observaram seus clientes e perceberam que a rotina deles era muito agitada, a ponto de se tornar uma tarefa estressante encontrar tempo para ir à loja. Então, decidiram levar a loja até os clientes. Eles reinventaram completamente a experiência de ir às compras: tiraram fotos dos corredores e colocaram as imagens em tamanho real nas estações de metrô. As pessoas podem literalmente comprar enquanto esperam o trem, usando seus smartphones para selecionar os itens por foto ou QR codes e pagando com cartão de crédito. Os itens, então, são entregues na casa do cliente. Essa nova abordagem aumentou as vendas do Tesco significativamente[10].

Reinventar problemas não é um luxo. Pelo contrário, as empresas precisam continuamente reinventar seus negócios para sobreviver, conforme o mercado e a tecnologia mudam. Por exemplo, a Kodak definiu seu negócio para fazer câmeras e filme fotográfico. Quando as câmeras digitais tornaram o filme fotográfico obsoleto, a empresa decaiu significativamente porque não foi capaz de abrir uma nova moldura a tempo de ver seu negócio trabalhar essa nova tecnologia. Por outro lado, a Netflix passou a distribuir DVDs de filmes pelo correio. Ou seja, emoldurou seus objetivos de forma muito mais ampla,

VOCÊ PODE ANALISAR TODAS AS SITUAÇÕES DO MUNDO DE ÂNGULOS DIFERENTES: DE PERTO, DE LONGE, DE PONTA-CABEÇA E DE COSTAS.

porém, enxergando-se como um negócio de entrega de filmes e não apenas de entrega de DVDs. Assim, quando a tecnologia permitiu a entrega on-line, a empresa se adaptou e dominou também essa nova área. Estamos vendo a mesma coisa acontecer com os livros. Em princípio, o objetivo da Amazon era a venda de livros impressos, mas entusiasticamente a empresa se reinventou e abraçou a venda de livros eletrônicos, desenvolvendo até seu próprio leitor de livros digital.

Avaliar e reavaliar problemas também abre a porta para empreitadas inovadoras. Scott Summit, fundador da Bespoke, criou uma maneira inovadora de visualizar próteses para pessoas que perderam um membro[11]. A palavra *bespoke* vem do inglês antigo e significa "sob medida". E é exatamente isto que a empresa dele faz: membros sob medida. Scott teve a ideia ao perceber que algumas pessoas com membros artificiais tinham vergonha de sua deficiência, tentando o máximo possível esconder esses membros. Ele reavaliou a situação, enxergando um membro artificial não somente como um aparato médico, mas como um acessório de moda. Essencialmente, ele decidiu fazer próteses que eram melhores que os membros comuns.

A Bespoke faz membros customizados com uma técnica inovadora para impressão 3-D. Os designers primeiro usam um scanner 3-D com o membro restante. Depois de imprimirem o novo membro, cobrem-no com materiais que se adaptem ao estilo de vida do usuário. Por exemplo, uma nova perna pode ser desenhada para parecer uma bota de couro de cowboy, ser coberta por cromo escovado – para combinar com a motocicleta do usuário – ou ser feita para parecer um laço e combinar com um vestido. A perna vai além de ser funcional, e o usuário sente orgulho de mostrá-la publicamente. Na essência, a prótese passou de um aparato médico para um item de moda.

Educadores inovadores também estão reinventando o significado do papel de ser professor e de ser aluno. Em uma aula comum de história, por exemplo, os alunos tradicionalmente recebem um livro repleto de fatos e datas e precisam memorizar a informação. Mas, se você der um passo para trás e reconsiderar a meta, pode fazer da experiência em sala de aula algo completamente diferente. E foi exatamente isso o que aconteceu na San Francisco Unified School District, uma escola de San Francisco. O corpo docente da Escola de Educação da Universidade de Stanford criou um currículo de História totalmente novo, que muda dramaticamente o ponto de vista dos estudantes. Em vez de serem alunos passivos, tornam-se historiadores ativos.

De acordo com Deborah Stipek, reitora da escola, em vez de livros, os alunos do ensino médio agora recebem fontes originais de estudo, como cópias de cartas de várias pessoas que viveram no período estudado, mapas históricos da região e artigos de jornais locais que cobriam assuntos sob diferentes perspectivas. No novo projeto, *"Reading like a historian"* [Lendo como um historiador], liderado por Abby Reisman e Sam Wineburg, os alunos têm a oportunidade de estudar informações de diferentes pontos de vista e formar sua própria opinião sobre o que de fato aconteceu em determinado período. Eles discutem e debatem as questões com os colegas. Essa abordagem não só proporciona um entendimento muito mais profundo do material, mas também conduz os alunos a fazerem ligações e descobertas aprofundadas, o que os leva a descobrir ainda mais[12].

Quando foram avaliados em relação ao conhecimento do material, os alunos das aulas de história que utilizaram essas fontes originais foram melhores do que aqueles que frequentaram as aulas comuns. Para além das notas, existem outros benefícios: esses alunos ficaram mais comprometidos e muito mais entusiasmados em relação à matéria. Eles se viram como

ENCONTRE SUA CRIATIVIDADE

investigadores da história e ganharam habilidades de pensamento crítico que nunca teriam adquirido se simplesmente tivessem memorizado uma lista de fatos. Ao redesenhar a forma como a matéria é ensinada, dando aos alunos informações diversas e até contraditórias, eles são incentivados a observar o mundo com diferentes molduras de referência.

Existem formas divertidas de praticar a mudança de perspectiva. Uma das minhas preferidas é analisar as piadas. A maioria delas é engraçada porque muda a moldura da história quando menos esperamos. Eis um exemplo:

Dois homens estão jogando golfe em um dia agradável. Quando o primeiro está prestes a dar a tacada, um funeral começa no cemitério ao lado. Ele para, tira o chapéu e faz um sinal de respeito. O outro homem diz: "Nossa, como você é sensível". E o primeiro: "É o mínimo que posso fazer. Fui casado com ela por vinte e cinco anos".

Como você pode ver, a moldura muda na última frase. À primeira vista, o jogador de golfe aparenta ser sensível e, de um momento para o outro, transforma-se em um idiota quando descobrimos que a pessoa falecida era sua esposa.

Outro exemplo clássico vem de um dos filmes da Pantera Cor-de-Rosa:

Inspetor Clouseau: Seu cachorro morde?
Atendente do hotel: Não.
Clouseau: [abaixando-se até brincar com o cão] Que bonitinho. [O cachorro morde a mão de Clouseau.]
Clouseau: Você disse que seu cachorro não mordia!
Atendente do hotel: Este não é meu cachorro.

Novamente, a moldura se altera no fim da piada, quando percebemos que eles estão falando sobre dois cachorros diferentes. Analise-as bem e perceba que a criatividade e o humor normalmente são resultado de mudar a moldura.

Reavaliar os problemas requer esforço, atenção, prática e permite que você veja o mundo sob uma nova luz. É possível praticar essa nova moldura mudando física ou mentalmente seu ponto de vista, olhando o mundo sob a perspectiva dos outros e fazendo perguntas que comecem com "por que". Juntas, essas abordagens melhoram sua capacidade de gerar respostas criativas para os problemas que aparecerem à sua frente.

2.
QUE VENHAM AS ABELHAS

O que aconteceria se combinássemos um tabuleiro de damas com um lanchinho noturno? O resultado seriam peças comestíveis, vendidas com o slogan: "Vença e coma!". E o que aconteceria se fossem combinados sapatos de salto alto e um triciclo? Teríamos scarpins com rodinhas. Ou o que aconteceria se fossem associados um prato de sobremesa e uma bandeja de gelo? Uma taça de sorvete que derreteria após o uso, assim não seria necessário lavá-la.

Essas são apenas algumas das ótimas ideias no livro de Cassidy e Brendan Boyle, *The Klutz Book of Inventions*[13]. O objetivo do livro é ajudar os leitores a ficar mais confortáveis para criar ideias ridículas, já que muitas ideias brilhantes parecem muito loucas quando são concebidas. As invenções divertidas que eles propõem são resultados de combinações de objetos e conceitos que, em princípio, parecem não estar relacionados. Explorando formas de fundi-los, vemos muitas ideias surpreendentes e interessantes surgirem.

Isso é semelhante à filosofia por trás da arte japonesa do *chindogu*, que envolve a criação de invenções "inúteis". Em sua essência, ela refere-se à combinação de produtos que não têm nenhuma relação entre si para criar produtos maravilhosamente inusitados. Por exemplo, uma roupa de bebê com um esfregão na barriga, para que a criança possa limpar o chão enquanto engatinha pela casa; uma camisa com uma matriz nas costas, para que você possa dizer à outra pessoa exatamente onde coça; um guarda-chuva de ponta-cabeça, para coletar água enquanto anda na chuva; ou óculos com armações que possam ser retiradas e usadas como hashi. Essas invenções podem não ser imediatamente práticas, mas abrem a porta para novas ideias que podem vir a ser.

Poder conectar e combinar ideias e objetos não óbvios é essencial para a inovação e parte importante do processo de pensamento criativo. Junto com sua capacidade de reavaliar problemas, incentiva sua imaginação e, assim, ativa sua Máquina da Inovação. Essencialmente, você precisa ser capaz de reorganizar e rearranjar as coisas que conhece e os recursos que possui para ter novas ideias.

Uma forma de praticar essa conexão de ideias é tentar a sorte no concurso de legendas das tirinhas da *New Yorker*. A cada semana, a última página da *New Yorker* traz uma tira sem textos. Os leitores, por sua vez, enviam sugestões, dentre as quais, três são escolhidas e são publicadas na revista na semana seguinte. Todos os leitores votam nas suas favoritas. As tirinhas sempre trazem imagens que raramente se relacionariam, ou que estão deslocadas ou fora de padrão. Fica por conta do leitor encontrar uma forma divertida de amarrar a história. Os textos vencedores combinam ideias com as imagens de forma inesperada. A seguir, alguns exemplos das tiras do *New Yorker* sem os diálogos. Em uma delas, um monstro participa de um jantar, e, na outra, um cavalinho de brinquedo está em um escritório. Que diálogo você criaria para cada uma? Os textos que apareceram na revista estão na nota*.

---

* O texto da primeira tira do *New Yorker* com o monstro à mesa de jantar é: "Kevin, peça para sua namorada nos contar o que costuma fazer nas festas de fim de ano". A fala da segunda tira, com os empresários e o cavalinho de madeira, é: "Você vai começar por aqui, depois lhe daremos mais responsabilidades conforme for ganhando experiência".

QUE VENHAM AS ABELHAS

Matthew May, autor do livro *In Pursuit of Elegance*, compartilhou sua estratégia para vencer o concurso das tirinhas. Ele percebeu que a chance de ganhar a competição era de aproximadamente uma em dez mil. Por isso, tinha de criar algo, de fato, original. Para isso, Matthew fez uma lista de conceitos ou objetos que estavam relacionados à imagem. No caso, a tirinha mostrava um homem e uma mulher na cama usando roupas de proteção contra contaminação química. Em sua lista estavam itens como "cama", "hotel", "sexo", "proteção", "germes", "roupa" e assim por diante. Depois, passou cinco minutos fazendo um brainstorming para reunir associações para aquelas palavras. Essas novas associações foram relacionadas à tira e conectadas de novas formas. Ele diz: "O pensamento que leva à descoberta requer que você ultrapasse alguma coisa e essa 'coisa' é a sua linha de pensamento padrão e linear. Ao sair dessa estrada, você vai voltar aos trilhos". O texto vencedor de Matthew foi: "Da próxima vez, não podemos tomar vacina para a gripe como todo mundo faz?"[14].

Alan Murray, diretor da Escola de Design da Faculdade de Arte de Edimburgo, propôs a seus antigos alunos da graduação da Universidade Técnica de Eindhoven uma tarefa surpreendente para ajudá-los a aperfeiçoar essas habilidades. Ele os desafiou a inventar o "sextron". Pediu que combinassem dois utensílios domésticos diferentes – como uma cafeteira e um secador ou um telefone e uma escova de dentes elétrica – para criar algo novo, cuja função seria a de um brinquedo erótico. Então, tiveram de desenvolver um manual do usuário para o novo equipamento. Certamente foi um projeto ousado. Seu objetivo era inspirar os alunos de um jeito que eles nunca tinham imaginado. E eles não só se divertiram com essa tarefa provocativa, como também aprenderam que, ao combinar itens que nunca tinham sido associados antes, poderiam descobrir algo surpreendentemente inovador que estimulasse tanto a mente quanto o corpo, dos pés à cabeça, de maneiras diferentes.

Em uma viagem ao Japão, pedi às pessoas que assistiriam à minha palestra para fazer uma tarefa similar. Solicitei que escolhessem dois utensílios domésticos totalmente não relacionados, como um vaso de flor e um sapato, e descobrissem alguma forma de combiná-los para criar algo novo e valioso. Os resultados foram muito diversificados. Alguns objetos eram aleatórios e sem propósito. Outros aprimoraram a funcionalidade de um objeto existente. E aí apareciam os resultados raros, que traziam algo totalmente novo criado com o uso de dois objetos familiares.

Entre as soluções sem propósito criadas pelos japoneses estavam pregar na parede um boné de beisebol invertido para fazer uma pequena cesta de basquete, fazer um brinco com um porta-ovos e uma esponja ou usar batom e esmalte para fazer quadros. Na mesma linha, uma exibição de arte, que vi no aeroporto internacional de San Francisco quando voltei, explorava o crescente interesse por reutilizar itens descartados sem propósito. Os objetos expostos incluíam uma grande bacia feita de pneus de carro virados ao contrário, joias feitas de garrafas e, meu preferido, um vestido feito de embalagens de bala.

Muitas das criações japonesas que aprimoraram a funcionalidade de objetos que já existiam envolviam relógios. Por exemplo, uma pessoa combinou um alarme com cartões de vocabulário. De manhã, quando o alarme era acionado, você precisava acertar uma quantidade determinada de palavras para desligá-lo. Outra pessoa combinou um relógio com uma fragrância: assim, aromas diferentes eram liberados em distintos momentos do dia. Aromas da manhã eram energizantes e os da noite, relaxantes.

A resposta mais emocionante veio de um homem que escreveu que ele e sua esposa tinham dois filhos pequenos e estavam esperando um terceiro quando perderam o bebê. Ambos estavam muito chateados. Um dia, o homem voltou para casa e seu filho de três anos o presenteou com uma boneca que havia criado com jornais enrolados e elásticos. Ele disse ao pai: "Papai, fiz esta boneca para ficar no lugar do bebê. É para você". Essa história linda é um lembrete de que as soluções podem ser tanto emocionais quanto físicas.

Em um nível diferente, esse tipo de combinação acontece em nossas comunidades na forma de ideias que se rearranjam ao acaso, vindas de diversas culturas. A analogia "o mercado está para a cultura assim como o sexo está para a biologia", de um artigo do *Wall Street Journal* sobre a importância do mercado na implementação de inovações, captura esse conceito. De acordo com o artigo, as comunidades espalhadas pelo mundo, como as antigas Alexandria e Istambul ou as modernas Hong Kong, Londres e Nova York, que atraem pessoas de diversas culturas, são beneficiadas pela combinação de ideias e criatividade em desenvolvimento[15].

Esse conceito foi muito explorado por AnnaLee Saxenian, reitora da School of Information da Universidade da Califórnia, em Berkeley. Ela fez um trabalho extenso nas comunidades conhecidas pela inovação e estudou os fatores críticos para determinar se uma cidade poderia ser um núcleo de criatividade. Seu livro, *Regional Advantage*, analisa os fatores que contribuem para os altos níveis de inovação e empreendedorismo no Vale do Silício. Essencialmente, a inovação no Vale do Silício é presente devido à extensa combinação de ideias entre indivíduos e empresas. No Vale do Silício, as empresas estão concentradas em uma área pequena, o que leva a interações, mais informações e conexões formais facilitadas. Também existem poucas barreiras culturais para a comunicação entre as pessoas com diferentes históricos e níveis socioeconômicos[16].

Por exemplo, em um jogo escolar de beisebol, em San Francisco, é comum que, em um mesmo time, haja crianças com distintos históricos. Isso significa que os pais que estão assistindo ao jogo dos filhos refletem a diversidade demográfica. As discussões informais que ocorrem normalmente resultam em oportunidades interessantes, que talvez não aconteceriam em outro lugar. É provável que um executivo ou um investidor de capital de risco se sente ao lado de um engenheiro que esteja abrindo uma nova empresa. Enquanto conversam casualmente e assistem a seus filhos, podem ouvir conselhos úteis, conhecer potenciais funcionários ou até começar uma nova empreitada.

Foi exatamente o que aconteceu quando Mark Zdeblick, engenheiro e empreendedor, jantava em um restaurante local. Duas garotinhas na mesa ao lado começaram a brincar com o filho de Mark. Então, Mark começou a conversar com o avô das meninas e descobriu que ele era o inventor da tecnologia que ele estava estudando. O pai das meninas, também à mesa, era um empreendedor de sucesso e recente investidor em capital de risco. Depois de várias conversas com o "pai", Mark e ele decidiram começar uma nova empresa juntos, chamada Proteus Biomedical, que desenvolve tecnologia para saúde pessoal e bem-estar.

No Vale do Silício, existem infinitas oportunidades para que as pessoas se conheçam e façam fluir as ideias. Isso inclui palestras públicas, conferências e até cafés onde as pessoas trabalham. Por exemplo, a cada semana, no programa de Stanford, organizamos uma palestra sobre Pensamento Empreendedor Líder (*Entrepreneurial Thought Leaders*). O programa é aberto ao público e acompanhado por um mediador informal. Isso dá aos estudantes, professores, empreendedores, investidores e visitantes a oportunidade de conhecer as ideias mais inovadoras, além de se conhecerem. Isso é o oposto ao que acontece em outros lugares do mundo, onde há menos contatos sociais e oportunidades de interagir e aprender com outras pessoas que não as da sua empresa ou seu campo de atuação.

As universidades são feitas para dar base ao fluxo de ideias entre as disciplinas. É por isso que tanta inovação acontece dentro desses espaços. Eles reúnem pessoas de diferentes disciplinas e culturas do mundo todo e oferecem um espaço para que trabalhem juntas. Os alunos que vêm para aprender são uma grande fonte de combinação, fazendo aulas em diferentes campos e compartilhando ideias diversas. Eles são essencialmente as abelhas que vão de flor em flor compartilhando ideias. Há formas de incentivar e aprimorar esse tipo de combinação. A Universidade da Califórnia, em Berkeley, por exemplo, tem um programa chamado "*Bears Crossing Boundaries*" [Ursos Ultrapassando Fronteiras] (o urso é o mascote da escola), no qual os alunos recebem um financiamento inicial e prêmios para criar projetos que relacionem as disciplinas.

AnnaLee Saxenian reconhece que a inovação é quase sempre um esforço social, que requer interação com os outros. Essa interação pode ser feita observando os outros, recebendo conselhos ou por meio da colaboração direta. Quanto mais diversas forem as reflexões, mais interessantes e inovadores são os resultados. Por exemplo, lugares do mundo que têm um grande fluxo de imigrantes possuem maravilhosas combinações culinárias. Um grande exemplo é Lima, no Peru, onde uma nova gastronomia emergiu da combinação de ingredientes da América Latina com pratos espanhóis, que, por sua vez, têm influência da China, da Itália, da África e do Japão. Imigrantes de todos esses países se estabeleceram em Lima, combinando suas receitas com as daquela região.

Construir algo em cima de ideias e invenções já existentes é outra forma de implementar a inovação. Na verdade, quando você pergunta a artistas de onde vem a inspiração deles, normalmente eles citam outros artistas que foram base para seu trabalho. Os pintores usam ferramentas, técnicas e abordagens de outros artistas; os músicos compõem com base nos estilos de outros músicos; escritores são influenciados pela literatura que já leram e inventores criam com base nas criações dos outros. Segundo a frase atribuída a Pablo Picasso: "Bons artistas copiam, excelentes artistas roubam".

Steve Jobs, cofundador e antigo CEO da Apple Computer, ampliou essa ideia em uma entrevista que deu em 1994, dizendo que a chave da criatividade é estar exposto "às melhores coisas que os seres humanos fizeram e trazê-las para o que você está fazendo". Ele diz, ainda, que o Macintosh é ótimo porque as pessoas que trabalharam nele eram "músicos, poetas, artistas, zoólogos e historiadores que, por acaso, eram também os melhores cientistas de computação do mundo"[17]. A Apple se inspirou no conhecimento deles, em várias áreas, para criar algo completamente novo.

O processo de conectar ideias e objetos não é só valioso para a criatividade: também traz um sentimento maravilhoso. Fazer conexões leva a momentos "A-há!", que são muito prazerosos. Existe uma teoria de que uma pequena dose de dopamina é liberada no cérebro sempre que "ligamos os pontos". Isso acontece quando entendemos uma piada, terminamos um quebra-cabeça e descobrimos padrões em informações aparentemente aleatórias. Isso faz todo o sentido, já que nosso cérebro é feito para procurar padrões.

Conectar e combinar ideias são ações orgânicas sempre que há reuniões de pessoas com diferentes históricos e culturas. Algumas têm tanta consciência disso que literalmente saem do seu caminho para gerar esse tipo de combinação em sua vida para, assim, renovar seu pensamento e gerar novas ideias. Uma vez, conheci um vendedor em um avião que me contou que compra passagens aéreas para voos ao redor do mundo com tantas paradas quantas forem possíveis. Seu objetivo não é só chegar ao destino, mas também conhecer todas as pessoas que puder pelo caminho. Ele sabe que aeroportos e aviões estão repletos de pessoas de todos os tipos e profissões, com uma variedade infinita de habilidades e interesses. Ele conversa com todos que estão em seu caminho e faz contatos valiosos.

Embora eu não faça paradas desnecessárias quando viajo, faço questão de conversar com as pessoas que encontro pelo caminho e quase sempre aprendo algo interessante. Certa ocasião, retornando de uma viagem ao Havaí, conheci um homem chamado Patrick Connolly, que fundou a Obscura Digital, em San Francisco, que mapeia vídeos extremamente criativos feitos em qualquer cenário, incluindo a fachada do Museu Guggenheim ou as Trump Towers, para transformá-los em uma combinação de multimídia. O trabalho que ele vinha fazendo era diretamente relacionado aos tópicos que eu iria abordar na aula de criatividade da semana seguinte sobre design de espaços para implementar a inovação. Interessada, perguntei se ele poderia compartilhar conosco sua experiência. Ele ficou feliz em atender ao meu pedido e contou à classe sobre como desenhou o espaço de sua própria empresa, que ganhou a competição de escritório mais legal em 2011 (World's Coolest Office)[18]. Sua participação na aula nunca teria acontecido se nós não tivéssemos tido tempo de nos conectarmos e combinarmos nossos interesses em comum.

Empresas muito inovadoras, como o Twitter, sabem como essas combinações são importantes para seus negócios e fazem um esforço para contratar pessoas com habilidades diferentes, sabendo que a diversidade de pensamento certamente vai influenciar o desenvolvimento de seus produtos. De acordo com Elizabeth Weil, gerente de cultura organizacional do

Twitter, uma amostra aleatória do quadro de funcionários da empresa revelaria a presença de ex-roqueiros, um campeão de cubo mágico, um ciclista e um malabarista profissional. Ela disse que as práticas de contratação do Twitter garantem que todos os funcionários sejam brilhantes e capacitados, mas também que tenham interesse em buscas pessoais e não relacionadas com o trabalho. Isso gera conversas aleatórias entre os funcionários no elevador, no horário do almoço e nos corredores. Interesses comuns aparecem e a rede de pessoas se torna mais densa. Essas conversas não planejadas costumam levar a ideias fascinantes.

Elizabeth é um exemplo por si só: uma corredora de maratonas, designer profissional e antiga investidora em capital de risco. Embora essas habilidades não sejam exigidas em seu trabalho diário no Twitter, naturalmente motivam as ideias que ela tem. Seus talentos artísticos influenciaram fortemente a cultura que ela constrói no site de relacionamentos. Por exemplo, sempre que há um novo funcionário, ela desenha e imprime um lindo cartão de boas-vindas com letras manuais.

Conectar ideias que não se combinariam naturalmente é a marca da pesquisa científica inovadora. Cientistas que conseguem fazer isso são aqueles que chegam às verdadeiras descobertas. Michele Barry, reitora de Global Health em Stanford, passa boa parte do tempo em países em desenvolvimento tentando entender o que causa as doenças, com o objetivo de acabar com elas. Quando estava em Bangladesh, ela discutiu com investigadores locais sobre o motivo pelo qual as mulheres da região têm uma taxa altíssima de pressão alta. A resposta não foi óbvia. Porém, ela e seus colegas agora tentam encontrar uma ligação entre essa doença e a elevação do nível do mar no país. A terra está afundando em Bangladesh, o que leva a água do mar a infiltrar os campos de arroz. Como resultado, o arroz tem mais concentração de sal. Como as gestantes têm tendência a reter mais líquido, esse aumento de sal na dieta pode levar ao aumento da pressão. Esse também é um ótimo exemplo de como duas questões – aquecimento global e saúde pública – se relacionam.

Outro exemplo da pesquisa científica vem de Robert Lane e Gary Quistad, da UC-Berkeley, que estavam investigando a doença de Lyme no nordeste da Califórnia[19]. Era um verdadeiro mistério entender por que bolsões na área costeira tinham baixa incidência da doença. Existe a mesma quantidade de carrapatos – o vetor da doença – em todas as regiões, mas alguns deles parecem ser imunes à doença. Olhando além do óbvio, Lane e Quistad perceberam que há muito mais lagartos de barriga azul nas áreas em que a incidência da doença de Lyme é mais baixa. Acontece que os lagartos são naturalmente imunes à doença. Por isso, se um carrapato consome o sangue de um lagarto, a doença de Lyme é destruída em seu sistema. Com um grande número de lagartos na área, é mais provável que a pessoa nessa região seja picada por um carrapato que já picou um lagarto, tornando-se imune. Essa descoberta surpreendente e importante só se revelou porque os cientistas conseguiram conectar observações e padrões aparentemente não relacionados.

As ideias podem sair de qualquer lugar e se conectar a qualquer momento. Mir Iram, fundador e presidente do InCube Labs, tem inspiração para suas invenções médicas conectando e combinando reflexões de uma ampla rede de fontes não relacionadas, incluindo a literatura científica, pacientes, médicos e até suas experiências pessoais. Em 2000, ele contraiu a síndrome de Guillain-Barré (SGB), que faz com que o sistema imunológico do corpo ataque seu próprio sistema nervoso periférico, levando à fraqueza dos músculos e à paralisia. Mir ficou literalmente tetraplégico – sem mover nenhum dos quatro membros – por muitos meses, mas depois se recupe-

# VOCÊ PRECISA SER CAPAZ DE REORGANIZAR E REARRANJAR AS COISAS QUE CONHECE E OS RECURSOS QUE POSSUI PARA TER NOVAS IDEIAS.

rou. Oito anos depois, sua mãe foi diagnosticada com um câncer de ovário. Mir não tinha como foco desenvolver tratamentos para câncer, mas não parava de pensar na ligação entre as duas doenças. Na SGB, o sistema imunológico ataca células específicas do corpo. Mir imaginou se o corpo poderia criar uma resposta imune às suas próprias células cancerígenas. Junto com colegas, está trabalhando em um novo tratamento contra o câncer que envolve a remoção de algumas células cancerígenas dos pacientes para se criar um agente patogênico que possa ser injetado novamente nesses pacientes, dando início a uma resposta imune ao câncer. Ao unir essas peças, parecia óbvio. Daqui a algum tempo, veremos se essas observações e conexões levam a curas mais efetivas para o câncer.

Uma ótima maneira de experimentar com combinações no dia a dia é usar metáforas e analogias. Quando se compara uma coisa à outra, descobrem-se paralelos fascinantes que abrem um mundo de novas ideias. Por exemplo, Rory McDonald, que está estudando como as empresas de uma indústria específica se influenciam, criou uma metáfora para inspiração. Rory, que tem quatro filhos, decidiu explorar a ideia de que as empresas se influenciam assim como as crianças quando estão brincando separadamente. Quando brincam juntas, elas nem sempre interagem ativamente, mas de modo passivo observam o que as outras fazem e depois incorporam essas ideias na sua própria brincadeira. Quando brincam com peças de montar, se uma criança cria um castelo, é provável que a outra também o faça. Se uma criança adicionar uma torre, então as outras farão o mesmo. Rory está estudando o mesmo tipo de comportamento no mundo dos negócios e explorando as ramificações. Para criar essa metáfora, Rory usou tanto sua capacidade de observação como sua habilidade de conectar e combinar ideias.

Metáforas e analogias são conectores poderosos, pois oferecem maneiras diferentes de olhar para os problemas. Em recente estudo, Lera Boroditsky e Paul Thibodeau demonstraram que pensamos em soluções muito diferentes dependendo dos tipos de metáfora que usamos para descrever o crime urbano. Se o crime é descrito como um vírus, então as soluções são predominantemente baseadas em reformas sociais, como mudança de leis. Porém, se for descrito como um monstro na nossa comunidade, então as soluções focam em lidar com os indivíduos envolvidos[20]. Você pode usar um conjunto de diferentes metáforas para liberar uma ampla gama de soluções para esse problema. Que soluções apareceriam se o crime fosse comparado a jogar lama dentro de uma casa limpa ou a uma reação química indesejada?

Conectar pessoas, lugares, objetos e ideias diferentes dá impulso à sua imaginação. Você pode praticar essa habilidade usando metáforas provocativas, interagindo com pessoas fora dos seus círculos habituais, desenvolvendo ideias existentes e encontrando inspiração em lugares inesperados. Essas abordagens aperfeiçoam o pensamento criativo e são excelentes ferramentas para criar novas ideias.

3.
CONSTRUA, CONSTRUA, CONSTRUA, SALTE!

"Por favor, façam uma fila de acordo com suas datas de aniversário, de 1º de janeiro a 31 de dezembro. Sem conversarem."

Sempre que passo essas instruções em uma sala cheia de gente, todos ficam sem ação. É fácil ler suas expressões. Estão pensando: "Isso não é possível".

Depois de alguns segundos, alguém se levanta e, com entusiasmo, levanta alguns dedos, comunicando que ele ou ela nasceu em um determinado mês. Todos sorriem e gesticulam, confiantes de que desvendaram o código. Devagar, andam pela sala usando sua nova linguagem de sinais para compartilhar as datas de aniversário conforme formam uma fila em silêncio.

Quando digo que eles têm só um minuto, começam a sinalizar mais rapidamente e, por fim, formam uma fila enquanto faço a contagem regressiva. Depois, vamos verificar se eles foram bem e as risadas começam quando descobrem quantas pessoas estão fora do lugar.

"O que aconteceu?", pergunto.

Alguém do grupo explica que, no primeiro momento, eles pensaram que a tarefa era impossível, mas depois alguém começou a usar a linguagem de sinais, levantando alguns dedos no ar, e todos seguiram a ideia.

"Poderia haver outras soluções mais eficazes para o problema?", questiono.

Depois de alguns segundos, alguém inevitavelmente sugere que poderiam ter escrito as datas de aniversário em um pedaço de papel. A instrução era de que eles não falassem, mas podiam escrever.

De fato, há muitas formas de realizar essa tarefa e a maioria delas é mais eficaz do que usar gestos para sinalizar as datas. Como sugerido, eles poderiam ter escrito o aniversário num papel. Poderiam ter utilizado as carteiras de motorista para mostrar as datas de aniversário. Alguém poderia ter subido em uma cadeira e feito papel de líder, instruindo os outros a irem aos lugares certos. Poderiam ter criado uma linha do tempo no chão e cada um ficaria no lugar certo. Ou poderiam até ter cantado as datas de aniversário. A instrução era não falar, mas cantar era permitido. E, é claro, poderiam ter usado qualquer combinação dessas abordagens.

Os resultados desse simples exercício são surpreendentemente previsíveis para indivíduos de qualquer idade ou cultura e isso revela um ponto muito importante: a maioria das pessoas cai na armadilha de correr em direção à primeira solução que encontra, mesmo que pareça não ser a melhor. As primeiras respostas para qualquer problema nem sempre são as melhores. Na verdade, soluções muito melhores costumam aparecer mais à frente. Infelizmente, a maioria se satisfaz com a primeira solução que encontra e perde a oportunidade de pensar em abordagens inovadoras que requerem mais esforço para serem descobertas.

Isto é descrito no conceito de "terceiro terço", desenvolvido por Tim Hurson no livro *Pense melhor: um guia pioneiro sobre o pensamento produtivo*. [DVS Editora, 2013]. Sua mensagem é que as primeiras soluções que vêm à sua mente ao encarar um problema são óbvias. As segundas são mais interessantes e as terceiras vão se tornando ainda mais criativas[21]. Prefiro pensar sobre ondas de ideias, pois ondas continuam em frente. Você precisa fazer um esforço reforçado para passar

CONSTRUA, CONSTRUA, CONSTRUA, SALTE!

a primeira e a segunda onda de ideias e criar aquelas que superam e testam os limites.

Como isso é feito? Essa é uma questão antiga que já foi abordada de diversas maneiras. Algumas são bem formais, como a Teoria da Solução Criativa de Problemas, ou metodologia TRIZ (acrônimo russo), originalmente desenvolvida nos anos de 1950 por Genrich Altshuller, um inventor soviético. TRIZ é descrito como "algoritmos de aproximação para encontrar soluções criativas ao identificar e resolver contradições". O livro de Altshuller, *Creativity as an Exact Science*, descreve seus quarenta princípios criativos[22]. Com base na abordagem científica de Altshuller, outros criaram um processo ainda mais detalhado chamado de "Algoritmo da Solução Criativa de Problemas", que inclui um método com oitenta e cinco passos para resolver problemas complicados[23]. Essencialmente, o TRIZ e seus descendentes focam em alcançar uma solução ideal, observando todos os parâmetros de um problema relacionados a outros parâmetros que estão em conflito. O objetivo é eliminar essas contradições para gerar soluções de fato únicas e criativas.

De acordo com um artigo na *Bloomberg Businessweek*, muitas empresas usaram o método TRIZ, inclusive a Boeing, Hewlett-Packard, IBM, Motorola, Raytheon e Xerox. Eis um exemplo de história de sucesso:

Uma empresa que aplicou o método TRIZ com sucesso para desenvolver um produto inovador foi a OnTech de San Diego. Em 2004, a OnTech desenvolveu um autoaquecedor portátil que pode ser usado para armazenar sopa, café, chá e até papinha de bebê. Entre as marcas que licenciaram a tecnologia, estão uma linha de cafeteiras produzidas pelo *chef* e celebridade Wolfgang Puck, além das sopas e cafés Hillside.

Os desenvolvedores do produto da OnTech se depararam com mais de quatrocentos dilemas técnicos e de engenharia ao tentar criar um contêiner portátil, porém eficaz, que aquecesse bebidas e alimentos, mas que também pudesse conter e suportar a reação química necessária para gerar o aquecimento. A equipe pesquisou a lista de trinta e nove problemas do método TRIZ e identificou os que se aplicavam. Depois, selecionou alguns itens da lista paralela de quarenta princípios criativos.

Por exemplo, escolheram o número catorze da primeira lista – "temperatura" – e aplicaram o número trinta da segunda lista – "uso de materiais compostos" – assim como o número quarenta – "capas flexíveis e filmes finos". Usando as listas "misture e combine" do TRIZ como suporte, os engenheiros rapidamente chegaram a um material adequado para o contêiner: um composto de cerâmica e fibra de carbono durável com condução eficaz de calor. Presto, um novo produto, nasceu[24].

Do outro lado do espectro, estão aqueles que o encorajam a entrar em contato com suas emoções para soltar sua imaginação. Alistair Fee, que leciona na Queen's University, em Belfast, Irlanda, faz workshops para executivos nos quais incentiva a imaginação por meio da redação de poemas. Primeiro, os participantes, altamente analíticos, ficam relutantes, já que isso está totalmente fora de sua zona de conforto. Mas é exatamente esta a questão: enquanto trabalham na escrita, rapidamente ficam confortáveis ao buscar suas emoções para encontrar inspiração, o que abre um novo mundo de ideias. Começam a brincar com as palavras de modo inovador e logo desenvolvem a capacidade de ir além da primeira resposta certa. Essa habilidade é inserida na vida cotidiana e eles se tornam cada vez mais eficientes para buscar formas alternativas de abordar desafios ligados à liderança e gerência de suas organizações.

Junto com a poesia, Alistair usa a música para soltar a imaginação de seus estudantes. Pede a eles que selecionem uma que os emocione. Então, precisam fazer um vídeo que acompanhe essa canção. A música abre uma porta para as emoções, e eles soltam sua imaginação. Até os mais reservados e menos criativos se abrem nessa tarefa, e os resultados são extremamente inovadores.

Conforme essas variadas abordagens demonstram, existe mais de uma maneira de fugir do óbvio para obter novas ideias. Porém, algumas ferramentas mostraram ser mais eficazes. Minha preferida é o brainstorming. Quando bem feito, ele permite que você ultrapasse o primeiro conjunto de ideias rapidamente e caminhe em direção àquelas que são muito menos óbvias. O brainstorming foi popularizado por Alex Faickney Osborn, no seu livro *O poder criador da mente* [Editora Ibrasa, 1987], publicado em 1953, depois que o autor experimentou essa abordagem por mais de doze anos. No livro, ele define uma série de regras para sessões de brainstorming. Os quatro pontos principais que ele estabelece são: adiar o julgamento, gerar muitas ideias, incentivar ideias incomuns e combinar ideias[25].

Infelizmente, a maioria das pessoas não aproveita ao máximo um brainstorming porque não entende qual é a diferença dele para uma conversa normal. Elas acham que é simples ao ponto de reunir muitas pessoas em uma sala e jogar ideias. Na verdade, fazer a "tempestade de ideias" é bem difícil, e muitos dos critérios que fazem o método funcionar não são intuitivos ou naturais. Por exemplo, é muito difícil guardar seu julgamento para si quando alguém sugere algo que você considera ruim. E é desafiador continuar gerando ideias quando você pensa que já encontrou uma solução viável. Esses dois pontos são muito importantes quando seu objetivo é ter ideias realmente inovadoras.

CONSTRUA, CONSTRUA, CONSTRUA, SALTE!

A seguir, há uma lista de orientações para serem levadas em conta quando liderar uma sessão de brainstorming, inspirada por Tom Kelley, no livro *A Arte da Inovação*[26] [Editora Futura, 2001]. Você vai ver que essas orientações ajudam seu grupo a produzir um grande número de ideias interessantes e diversas, indo além das primeiras soluções óbvias. Claro, não existe uma maneira correta de fazer um brainstorming. Então, recomendo que reúna ideias daqueles que fazem isso muito bem e experimente com suas próprias variações.

GUIA PARA UM BRAINSTORMING

Como será a sala?

O brainstorming é como uma dança. E por esse motivo você precisa de um ambiente adequado para incentivar um processo que flua. Primeiro, é necessário ter espaço para que as pessoas se movam. Além disso, assim como em uma dança, o brainstorming precisa ser feito com os participantes em pé. Esse ponto não é trivial. Ficar em pé, ao invés de ficar sentado, faz o grupo ter mais energia e comprometimento. Também permite rápidas alterações no fluxo de pessoas e ideias.

Você também precisa de espaço para capturar todas as ideias que surgirem pelo caminho. A abordagem mais comum é usar quadros-brancos e flipcharts. Lembre-se de que, quanto maior for o espaço para as ideias, mais aparecerão. Na verdade, quando não há mais espaço, normalmente as ideias acabam. Então, pense em cobrir todas as paredes da sala com papel de rascunho para que sejam usadas para anotar as ideias do grupo. Ou use uma janela para ser o apoio de vários post-its.

ENCONTRE SUA CRIATIVIDADE

Quando finalizar o processo, todas as paredes e janelas devem estar cobertas de pedaços coloridos de papel.

Quem deve participar?

Escolher os participantes do brainstorming é muito importante. Não basta selecionar algumas pessoas ao acaso e trazê-las à sala. É preciso pensar bem sobre quem fará parte do grupo. Os convidados para a sessão de brainstorming devem ter pontos de vista diferentes e experiência no assunto. Lembre-se de que esse não será o mesmo grupo que tomará as decisões finais ao término da sessão. Isso é o mais importante, vale repetir: aqueles que estão na sessão de brainstorming não são os mesmos que tomarão a decisão sobre o que vai acontecer com os frutos da discussão.

Se você vai desenhar um novo carro, por exemplo, precisa incluir pessoas com perspectivas e conhecimento diferentes sobre carros. Nisso podem estar envolvidos os engenheiros que vão construí-lo, os clientes que vão comprá-lo, os vendedores que vão vendê-lo, os mecânicos que vão arrumá-lo, os donos de estacionamentos que vão guardá-lo e daí por diante. Essas pessoas não opinam na decisão final do design do carro, mas seus pontos de vista e as ideias são incrivelmente valiosos. Dennis Boyle, da empresa de design IDEO, diz que ser convidado para uma sessão de brainstorming é uma honra. Significa que sua perspectiva é importante. Esteja certo de que vai comunicar isso àqueles que foram convidados.

O tamanho do grupo também é importante. Existe uma tensão entre explorar muitos pontos de vista e conseguir gerar uma conversa em que todos contribuam. Muitos anos atrás, ouvi que o Facebook tinha uma política de "equipes de duas pizzas". Nenhuma equipe era maior do que um grupo que pudesse ser alimentado com duas pizzas, o que permitia ótima comunicação e colaboração. Se o grupo fosse maior do que isso, era dividido em dois. Da mesma maneira, essa é uma grande orientação para o brainstorming. Com seis a oito pessoas (e duas pizzas), tem-se um grupo que pode trazer uma gama de perspectivas e interagir facilmente.

Qual é o tema do brainstorming?

A escolha do tema é sempre uma decisão delicada. Se for muito amplo – "Como podemos acabar com a fome no mundo?" – fica difícil saber por onde começar. Se o assunto for muito específico – "O que teremos para o café da manhã?" – fica limitado. Encontrar o equilíbrio é importante. Lembre-se da discussão que tivemos no capítulo 1 sobre emoldurar problemas. A questão é em que moldura as soluções se encaixam. Então, tenha certeza de que o enquadramento é apropriado, o que dá muito espaço para a imaginação do grupo fluir. Um tema provocativo ou surpreendente normalmente é o que mais rende. Por exemplo, em vez de perguntar: "O que devemos dar ao Mike de aniversário?", podemos propor: "Qual seria a melhor experiência que poderíamos dar ao Mike de aniversário?". Uma pequena mudança na forma de fazer uma pergunta altera dramaticamente o tom e o escopo das respostas.

O que mais deve estar na sala?

Decorar a sala com objetos que incentivem a discussão é interessante. Se o assunto do brainstorming for o design de uma nova caneta, por exemplo, então você pode colocar vários instrumentos de escrita diferentes, assim como equipamentos

ENCONTRE SUA CRIATIVIDADE

e brinquedos interessantes que estimulem sua imaginação. Forneça papel e canetas marca-texto para todos. Também ajuda muito ter outros materiais simples, caso você queira criar um exemplo rápido. Isso inclui fitas adesivas, tesoura, cartões e assim por diante. Muitas pessoas "constroem para pensar". O ato de criar um rápido exemplo com materiais simples de fato ajuda o processo do pensamento. E um protótipo em três dimensões costuma dizer muito mais do que palavras ou um desenho em duas dimensões.

Como se dá início a uma sessão de brainstorming?

Começar uma sessão de brainstorming nem sempre é fácil. As pessoas precisam sair do modo "trabalho cotidiano", em que seu foco está na execução, e entrar no pensamento da "tempestade de ideias", em que não há um destino certo. Fazer um pequeno aquecimento pode facilitar a transição. Existem zilhões de maneiras para fazer isso, desde escrever um poema até propor palavras-cruzadas. Uma das minhas preferidas é dar a todos os participantes letras aleatórias, que formem uma longa palavra, como "empreendedorismo", e pedir a eles que, em cinco minutos, criem o máximo de palavras que conseguirem. Outra atividade começa com um improviso aparentemente bobo, por exemplo: "Como você desenharia os óculos se nós não tivéssemos orelhas?". Esse exercício força a imaginação e prepara as pessoas para o trabalho que está pela frente. Embora em princípio pareça estranho, é importante marcar a transição para uma sessão de brainstorming de forma que os participantes tenham a chance de aquecer sua imaginação, assim como um atleta se aquece antes da corrida.

Quais são as regras do brainstorming?

Existem regras reais para um brainstorming efetivo e a mais importante é que não existem ideias ruins. Isso significa que os participantes não podem criticar ideias. Na verdade, não importa quão estranha pareça, sua função é trabalhar na ideia. A chave é abraçar todas e trabalhar com elas por um tempo. Brainstorming é uma forma de explorar todas as possibilidades, sejam elas inspiradoras, sejam insípidas. Essa é a fase de "exploração" de um projeto, que precisa ser diferenciada da fase "exploradora"*, na qual as decisões são tomadas e os recursos são direcionados. Deve haver um muro bem-definido entre essas duas fases para que o grupo não caia na armadilha de eliminar ideias tão cedo. Este é o maior desafio para a maioria das pessoas: elas sentem a necessidade de avaliar as ideias assim que são geradas. Só que isso pode acabar com uma sessão de brainstorming.

Também é importante incentivar ideias loucas e incomuns. Embora pareçam estranhas, pode haver uma pérola escondida em algum lugar. A chave é gerar a maior quantidade possível de ideias. Estabeleça um objetivo, como criar quinhentos novos sabores de sorvete. Quando chegar aos trezentos, já vai saber que só faltam duzentos. Ou seja, você já ultrapassou as primeiras ondas de ideias e está prestes a gerar as receitas mais interessantes e surpreendentes. É importante lembrar que cada ideia é uma semente com potencial de crescer e se tornar algo marcante. Se você não gerar essas ideias, assim

---

* Em inglês, as expressões são *"exploration phase"* para o primeiro e *"exploitation phase"* para o segundo, que em português são traduzidas, ambas, para "fase de exploração" e "exploradora". No entanto, em inglês, há uma sutil diferença entre os vocábulos, em que *exploration* traz a ideia de conhecer, de pesquisar, partindo de um conhecimento do zero, e *exploitation* além de abarcar essas noções, significa esmiuçar ao máximo, explorando todas as possibilidades. [N.E.]

como sementes que nunca foram plantadas, não há tempo nem lugar que vá gerar bons frutos. E quanto mais ideias você tiver, melhor. Como sementes, você precisa de um grande número para encontrar aquelas promissoras.

Uma maneira de se livrar das ideias já esperadas é incentivar as ideias bobas e estúpidas. No meu livro *Se eu soubesse aos 20*, descrevo um exercício no qual peço aos estudantes que deem as piores ideias possíveis durante uma sessão de brainstorming. Isso dá espaço a ideias que nunca teriam sido reveladas se eles só focassem nas melhores. Quando pedimos às pessoas que deem más ideias, elas adiam o julgamento e vão além das soluções óbvias. Na verdade, as ideias mais loucas normalmente são as mais interessantes, quando analisadas pela moldura da possibilidade.

O que é o processo de brainstorming?

Quando você tem o espaço, as pessoas, a pergunta correta e todos já sabem das regras, o objetivo é fazer com que o processo seja o mais natural possível. Só deve ocorrer uma conversa de cada vez, para que todos estejam na mesma sintonia. Durante o processo, você vai desafiar os participantes a olhar o problema de diferentes pontos de vista. Uma abordagem é descartar as soluções mais óbvias do grupo de possibilidades para pensar em outra coisa. Isso o força a solucionar o desafio sem a ferramenta esperada na sua caixa de ferramentas. Por exemplo, se o brainstorming for sobre como facilitar o estacionamento em uma cidade grande, a resposta esperada é adicionar mais vagas. Ao eliminar essa possibilidade, respostas menos óbvias vão aparecer.

Durante uma sessão de "tempestade de ideias", você deve propor situações inesperadas que ajudem o grupo a ir além de suas convicções. Se o tema for ideias para um novo playground, por exemplo, você pode pedir a alguém que desenhe um playground na Lua ou embaixo d'água. Ou que alguém o projete para daqui a cem anos ou cem anos no passado. Pode perguntar como uma criança ou alguém com deficiência desenharia isso. Pode questionar como seria possível desenvolver isso com um dólar ou com um milhão. Ou pode solicitar ideias para o playground mais perigoso do mundo. Na verdade, estudos mostram que, quanto mais você se afasta do local e do horário atuais, tanto física quanto mentalmente, mais criativas ficam suas ideias. Esses improvisos são uma maneira conveniente de fazer isso.

Além disso, é importante se basear em ideias alheias. Em um brainstorming perfeito, a discussão tem ritmo e se parece com uma dança. Alguém tem uma ideia e os demais se debruçam sobre ela por certo período. Depois, você passa para a próxima abordagem. A dança poderia se chamar "Construa, construa, construa, salte!". Para que tudo funcione bem, as ideias devem ser escritas em forma de pequenas frases, como "construa uma casa na lua" ou "dê a todos a chave do prédio", em vez de fazer longas descrições que pareçam planos de negócios. As frases curtas funcionam para cada ideia como as manchetes de jornais.

Como as ideias são capturadas?

Tenha certeza de que todos tenham caneta e papel ou post-its. Pode parecer banal, mas não é. Se só uma pessoa estiver no quadro-branco anotando as ideias, ela controla quais ideias serão capturadas. Quando todos escrevem, evita-se a "tirania da caneta", em que a pessoa com a caneta controla o fluxo de ideias. Além disso, quando todos têm uma caneta e um papel, podem escrever ou desenhar suas ideias em tempo real, sem ter de esperar por um espaço na conversa. Quando a chance de falar chega, como a ideia já está anotada, será mais rápido só adicioná-la ao quadro.

O uso de post-its permite que cada pessoa anote suas próprias ideias quando elas surgem e depois as coloque no quadro no momento propício. Também força os participantes a escrever pequenos "títulos" para resumir cada ideia, em vez de passar muito tempo escrevendo detalhes. Post-its também permitem que você reorganize e reúna ideias conforme os padrões que aparecem. Tudo isso leva ao espírito criativo da sessão de brainstorming.

Outra forma importante de capturar todas as suas ideias é usar um mapa mental que é, essencialmente, uma forma não linear de coletar ideias. Começando com um tópico central no quadro, você traça linhas até palavras ou desenhos com informações relacionadas e depois adiciona detalhes nos ramos menores. Por exemplo, se você estivesse usando um mapa mental para fazer um brainstorming sobre o roteiro de um novo romance de suspense, poderia colocar o título no meio do mapa. Depois, faria linhas para textos ou imagens ao redor, que poderiam incluir personagens, cenários, roteiro e contexto histórico. Você pode adicionar ideias para cada um desses ramos. Uma rápida busca on-line por mapas mentais revela uma gama infinita a ser usada como inspiração.

Eis um exemplo de mapa mental criado por Paul Foreman, com ramos principais que lidam com quem, o quê, quando, onde e por que fazer este esquema:

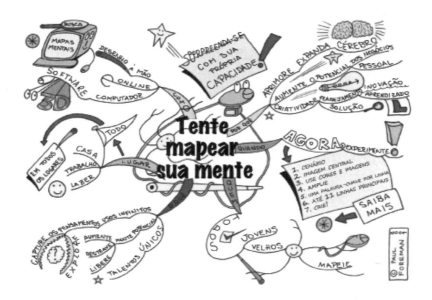

Quanto tempo dura uma sessão de brainstorming?

Normalmente é impossível manter a energia necessária para que um brainstorming seja produtivo por mais de uma hora. Isso significa que deve haver um limite claro para a sua duração. Uma sessão rápida, de dez a quinze minutos, funciona se todos os participantes já se conhecem bem e conseguem ter ideias rapidamente. Uma sessão mais longa, de quarenta e cinco minutos, leva a melhores resultados. A chave é manter a sessão longa o suficiente para superar as primeiras ondas de ideias. Porém, essas sessões devem ser quebradas em segmentos menores ao inserir improvisos pelo caminho para manter a discussão acesa e todos comprometidos.

É melhor terminar uma sessão de brainstorming de forma positiva, de modo que todos queiram mais. Na verdade, poucas coisas são tão boas quanto uma sessão produtiva de ideias. Todos se sentem revigorados e importantes quando alguém desenvolve suas ideias. Ao final da sessão, a sala deve estar saturada com ideias. Deve haver palavras e desenhos cobrindo as paredes e protótipos nas mesas. Deve ser visível que o tema foi completamente explorado, fornecendo um rico conjunto a ser detalhado.

O que fazer quando acabar?

Às vezes, o fim de uma sessão de brainstorming é a parte mais desafiadora do processo. Como já foi discutido, aqueles que participam da sessão representam uma ampla gama de perspectivas, mas não são eles que decidem quais ideias serão implementadas. Mesmo assim, os participantes sempre querem escolher as ideias favoritas e ajuda saber suas preferências. Para isso, você pode dar aos participantes a chance de votar nas escolhas preferidas em diferentes categorias. Por exemplo, peça a cada um que coloque uma estrela vermelha ao lado das ideias que terão o maior impacto, uma estrela azul naquelas que podem ser rapidamente implementadas e uma estrela verde ao lado das ideias que têm o melhor custo-benefício. Esse processo dá ao tomador de decisão material útil para orientar o que fazer em seguida e também a chance para que todos os envolvidos expressem sua opinião.

O passo final é capturar tudo o que aconteceu. Tire fotos de todas as ideias, anote as melhores e guarde tudo o que puder ser guardado. O que foi produzido é produto valioso da sessão de brainstorming. A pessoa ou equipe responsável por tomar as decisões podem usar essa coleção de ideias di-

O BRAINSTORMING PERMITE MERGULHAR NA SUA IMAGINAÇÃO PARA DESAFIAR TEORIAS E SUPERAR IDEIAS ÓBVIAS.

versas e decidir em quais investir. Esses materiais podem ser revisitados a qualquer momento. Conforme passa o tempo, algumas das ideias que pareceram impraticáveis podem se tornar promissoras.

Eis um exemplo de como isso tudo funciona. Recentemente, lançamos um novo centro nacional em Stanford chamado de Epicenter, para o National Center for Engineering Pathways to Innovation.[27] O centro existe para transformar o ensino da engenharia nos Estados Unidos. Para dar início ao nosso plano, fizemos uma sessão de brainstorming. Horas antes fiz o planejamento da sessão e desenvolvi um exercício de aquecimento adequado, criando uma série de questões para dar corpo à sessão, juntando materiais para estimular a discussão, arrumando o espaço e identificando as pessoas a serem incluídas na sessão.

Escolhi uma série de tópicos que nos permitiria olhar o desafio de diferentes ângulos. Começamos com uma questão ampla: "O que o Epicenter pode fazer para ter maior impacto?". Lancei diversos improvisos pelo caminho, incluindo: "E se estivéssemos fazendo isso para um público de pessoas de cinco anos de idade e não de vinte e cinco?", "E se tivéssemos cem milhões de dólares em vez de dez milhões?" e "Se não tivéssemos nenhum dinheiro?". Depois, a cada dez minutos, trocávamos os tópicos. Por exemplo, falávamos sobre como recompensar as pessoas por participarem, como saberemos se somos bem-sucedidos, como desenhar nosso espaço físico para refletir o que estamos fazendo e como devemos dividir os recursos no nosso website.

Cada sessão curta reforçava a anterior, fornecendo uma nova forma de ver o desafio e despertar novas ideias. Muitas delas eram extremas, por exemplo, como ter seu próprio jatinho. Mas muitas outras eram bastante interessantes, por exemplo, como alinhar as paredes do novo espaço com monitores de computador com conexões ao vivo para universidades do país, ou como ter videoclipes no site mostrando como os inovadores aparecem na mídia. Ou, ainda, como ter uma lojinha de souvenirs que ofereça ferramentas para levar para casa, ou como lançar um "Navio Empreendedor" que pare em portos diferentes, onde os passageiros recebem projetos que reflitam os desafios locais. Quando acabamos, toda a parede do escritório estava coberta com centenas de post-its coloridos.

Quando bem feito, o brainstorming permite que você mergulhe na sua imaginação para desafiar teorias e superar ideias óbvias, gerando ideias verdadeiramente interessantes e únicas. É uma forma maravilhosa de descobrir soluções não óbvias para problemas grandes ou pequenos e uma técnica essencial para todos os inovadores. Quanto mais você o pratica, mais fluente torna-se o brainstorming e as ideias se tornam mais diversas. Assim, a sessão de "tempestade de ideias" é essencial para aprimorar e expressar sua imaginação.

4.
VOCÊ ESTÁ PRESTANDO ATENÇÃO?

Richard Wiseman, da Universidade de Hertfordshire, no Reino Unido, deu um jornal a indivíduos em seu laboratório e pediu a eles que contassem quantas fotos havia nele. Ele recrutou para esse experimento pessoas que se definissem como extremamente sortudas ou extremamente azaradas. Ele queria ver se as sortudas de fato enxergavam o mundo de forma diferente daqueles que não estavam em uma maré muito boa. O que você acha que aconteceu?

Nesse experimento, as pessoas azaradas levaram vários minutos para contar todas as fotos do jornal e a maioria deu respostas erradas. As pessoas sortudas, por sua vez, levaram apenas alguns segundos para dar a resposta e todas estavam certas. E por que isso aconteceu?

Wiseman desenvolveu jornais especiais para essa experiência. Na primeira página de cada jornal, havia uma mensagem dizendo: "Pare de contar. Há quarenta e três fotos neste jornal". Ambos os grupos estavam procurando as fotos, conforme foi pedido, mas os sortudos também leram essa mensagem e responderam corretamente. Ao contrário, os azarados focaram somente em contar as fotos – já que era essa a tarefa que receberam – e não viram a mensagem com a resposta de que precisavam.

Para testar mais esse resultado, Wiseman deu aos participantes azarados outra chance. No meio do jornal, ele colocou uma segunda mensagem dizendo: "Pare de contar. Diga ao coordenador da pesquisa que você viu esta mensagem e ganhe 250 libras". Ninguém pediu o dinheiro[28].

Esse experimento mostra que as pessoas veem o mundo de formas diferentes. Além disso, demonstra muito bem que, ao ignorar as informações ao seu redor, você perde as dicas mais importantes, que são fundamentais para a resolução de problemas. Na verdade, o mundo é repleto de mensagens nas entrelinhas, e descobri-las depende de nós.

Meus colegas Michael Barry e Anne Fletcher dão uma aula na d.school sobre a busca por necessidades, que lida especificamente com a observação focada para identificar oportunidades de inovação. A aula toda é feita para preparar os alunos a serem observadores detalhistas. Eles começam com uma bela história sobre um romancista americano, David Foster Wallace[29]:

> Dois peixinhos nadavam e passaram por um peixe mais velho. Conforme passavam, o mais velho disse: "Bom dia, garotos. Como está a água?". Os dois mais novos seguiram em frente e um deles perguntou ao outro: "O que é essa tal de água?".

A mensagem nessa fábula é que normalmente não notamos aquilo que mais importa em nossa vida. Estamos literalmente cegos para a "água". Michael e Anne passaram dez semanas ensinando a seus alunos como ver a "água" em sua vida, conforme identificam oportunidades surpreendentes e valiosas.

AO IGNORAR AS INFORMAÇÕES AO REDOR, VOCÊ PERDE AS DICAS MAIS IMPORTANTES, FUNDAMENTAIS PARA A RESOLUÇÃO DE PROBLEMAS.

Participei, certa vez, com Michael Barry de um workshop de uma semana sobre design thinking para alunos de graduação. Os participantes eram desafiados a redesenhar a experiência do "relacionamento a dois". Com o treinamento de Michael, eles identificaram uma gama interessante de problemas que nunca tinham percebido antes. Por exemplo, falaram sobre os desafios enfrentados por casais que se sentiam atarefados demais ou entediados e por aqueles que queriam terminar um relacionamento que não estava dando certo. As soluções propostas refletiam insights completamente novos. Uma equipe desenvolveu um novo negócio com "agentes de encontros", que organizavam excursões interessantes para casais cansados de fazer sempre as mesmas coisas. Eram essencialmente agentes de viagem para casais. Outra equipe criou um "kit de relançamento" completo, com o "amigo da separação", que ajudava a terminar relacionamentos desgastados. Esses alunos aprenderam a ver o mundo com a atenção focada, para descobrir novas oportunidades e criar soluções aos problemas que eles identificaram.

A observação focada é a chave para adquirir conhecimento valioso sobre o mundo ao seu redor. Esse conhecimento é combustível para sua imaginação. Steve Blank, um empreendedor, é um ótimo exemplo. Ele esteve na equipe fundadora de oito empresas diferentes, e muitas pessoas o aclamam por sua criatividade e coragem. Ele ri e diz: "Não sou corajoso. Sou somente incrivelmente observador". Steve descobriu que, quanto mais se observa, mais dados são coletados, mais padrões notados e com mais coragem é possível agir. Como diria ele: "Esta é uma grande ideia!"[30].

Em 1988, por exemplo, Steve foi convidado para gerenciar a área de marketing em uma empresa chamada SuperMac, que faz ficheiros para computadores. À época, o negócio tinha acabado de emergir da falência. A empresa tinha um *market share* de somente 10%, o que estava muito abaixo das duas empresas líderes do setor. Como Steve diz: "Eles estavam em vigésimo lugar em uma competição entre três empresas". Assim que ele chegou, percebeu uma pilha de quinze mil registros de produtos enviados por clientes. Estavam largados no canto do armário. Perguntou aos colegas sobre aquela pilha e descobriu que estava ali, ano após ano, largada. Todos estavam ocupados demais com seus planos para dar atenção àqueles papéis aparentemente inúteis. Steve começou a olhar a pilha por conta própria e rapidamente percebeu que havia ali uma mina de ouro de informações.

Aleatoriamente, Steve pegou três dos registros mais recentes e ligou para os clientes. Perguntou a eles com o que trabalhavam, como usavam os ficheiros, quais eram seus atributos mais importantes, como poderiam ser melhorados e quanto eles pagariam por isso. Aprendeu muito com cada ligação e as informações permitiram que ele tomasse decisões importantes sobre o posicionamento e o preço do produto, com confiança de que tudo daria certo. Dentro de um curto período, Steve resgatou a propaganda e a promoção da linha de produtos e aumentou os preços. Como resultado, o *market share* da empresa cresceu de 10 para 70%. Isso nunca teria acontecido se ele não tivesse prestado atenção aos papéis que os outros ignoraram. Para aqueles que não entendiam o que Steve estava fazendo, ele parecia bastante destemido.

Outro exemplo incentivador é de David Friedberg, fundador da Climate Corporation.[31] Quando trabalhava no Google, todos os dias David passava na frente de um pequeno negócio de aluguel de bicicletas a caminho do trabalho. Com o tempo, notou um padrão: sempre que chovia, a loja fechava. Essa observação o levou a pensar que milhões de negócios são influenciados pelo clima, incluindo fazendas, cinemas e resorts de ski. Ele decidiu sair do Google para abrir uma empresa que vende seguro para proteger os negócios de perdas relacionadas ao clima. Ele nunca teria tido essa ideia e lançado esse empreendimento de sucesso se, enquanto dirigia, não prestasse atenção no mundo exterior.

Enquanto crianças, somos naturalmente curiosos e observadores conforme tentamos descobrir como o mundo funciona. Aí vem a idade e muitos bloqueiam a curiosidade natural de observação. Nós achamos que entendemos o mundo e olhamos os padrões que já reconhecemos. Como Jeff Hawkins, fundador do Palm Computing, Handspring e Numenta descreve em seu livro, *On Intelligence*, nosso cérebro é uma máquina de reconhecimento de padrões, que está constantemente preenchendo os vãos das nossas observações com o que achamos que deveria estar lá.[32] Tornamo-nos capazes de prever o que vamos experimentar, e aí experimentamos as coisas que prevemos.

Requer muito esforço focar nossa atenção para além do que prevemos, principalmente quando lidamos com experiências costumeiras. Por exemplo, literalmente nos desligamos quando realizamos atividades repetitivas, como dirigir ou fazer caminhos rotineiros. Também focamos com predominância nas coisas que estão ao nível dos nossos olhos, em vez de olharmos com mais amplitude. Além disso, prestamos atenção naquilo que esperamos encontrar e ignoramos as coisas que não têm a ver.

Recentemente, enquanto estava na fila do Bianchini, um mercadinho local, olhei sem querer em direção ao teto. Já estive naquele mercado milhares de vezes e fiquei surpresa ao perceber que existe um cenário inteiro de fazenda, com vacas de madeira, galinhas e feno de verdade, todos dispostos em uma prateleira alta que circunda toda a loja. Mencionei isso ao homem que trabalhava no caixa e perguntei se aquele

VOCÊ ESTÁ PRESTANDO ATENÇÃO?

display era novo. Ele riu e disse que todas as vacas e galinhas estavam lá desde que a loja abriu, anos atrás. Eu tinha caído em todas aquelas armadilhas.

Infelizmente, não tinha feito o mesmo treinamento que meu filho Josh. Meu pai fazia uma brincadeira com ele e seus primos, Adam e Noah, quando estavam em fase de crescimento. A ideia era ensiná-los a prestar atenção no seu entorno. Sempre que estavam em um local novo, meu pai pedia aos garotos, em tom de brincadeira, que fechassem os olhos. Então, perguntava-lhes sobre os detalhes do ambiente, como: quantas janelas tem aqui, quantas portas, quantas lâmpadas estão acesas. Eles amavam esse jogo e aprenderam a ser incrivelmente observadores para se prepararem para essas brincadeiras com o avô.

Mágicos e ilusionistas sabem que nós acreditamos estar plenamente conscientes do nosso ambiente, prestando atenção em tudo o que acontece. Eles sabem que praticamente qualquer coisa pode nos distrair, incluindo uma boa história, uma piada ou apontar para alguém do outro lado da sala, o que afasta nosso olhar do que de fato está acontecendo na nossa frente. A maioria dos truques de mágica se baseia na habilidade dos mágicos de nos distrair enquanto realizam o número. Por exemplo, um mágico coloca seis cartas na mesa, com os naipes para cima, e pede ao espectador que memorize uma delas, sem pegar, e guarde essa informação consigo. Depois, avisa que vai ler a mente dele para descobrir a carta escolhida. Ele pega as seis cartas, olha para elas com atenção e coloca cinco delas de volta na mesa, dizendo que a escolhida não está lá. Ele está certo. A carta sumiu! Como ele sabia?

Se o espectador de fato estivesse prestando atenção, veria que todas as cinco cartas que ele colocou na mesa eram diferentes das que ele havia mostrado. O mágico não precisava saber qual era a carta. Apenas tinha que contar com o fato de que, enquanto a pessoa focava em uma delas, não perceberia a diferença entre as cartas parecidas, como o rei de copas ou de ouros; ou uma rainha de espadas ou de paus. Os mágicos se aproveitam da nossa falta de foco e da nossa habilidade de nos distrairmos enquanto fazem objetos desaparecerem, cortam pessoas no meio e tiram coelhos da cartola.

Por outro lado, os humoristas chamam nossa atenção para as coisas do ambiente que costumamos ignorar. Focando-a em atos aparentemente banais, como estacionar um carro, escovar os dentes ou esperar na fila, tomamos consciência de nossas ações e objetos que normalmente não nos chamam a atenção; então a situação se torna engraçada. O célebre comediante Jerry Seinfeld é famoso por falar sobre nada. Os assuntos do seu humor são engraçados porque focam em experiências que normalmente não chamam a atenção. São pequenas coisas a que nós normalmente não prestamos atenção no dia a dia. Eis um exemplo:

Odeio salas de espera porque são chamadas de salas de espera, então não há chances de não esperar. É construída, desenhada e idealizada para a espera. Por que você entraria de uma vez se fizeram uma sala planejada para você esperar? Aí você se senta com uma revista em mãos. Finge estar lendo, mas, na verdade, está prestando atenção nos outros. "O que será que ele tem?". Aí finalmente o chamam e você pensa que vai ver o médico, mas não vai. Vai para a próxima salinha de espera, menor. Agora você não tem nem a revistinha e está sem calças.[33]

A observação é um processo ativo que requer esforço. Com um pouco de prática, porém, você efetivamente ativa seus poderes de observação. Um exemplo convincente acontece todo mês de dezembro, quando a Sociedade Audubon promove a contagem anual de pássaros no Natal. Esse evento, que já acontece há mais de cem anos, é feito para obter um censo detalhado dos pássaros em um período de vinte e quatro horas. Cada local de observação, ou círculo de contagem, tem vinte e quatro quilômetros de diâmetro, e juntos compreendem as Américas, do Ártico à Antártida. O projeto começou em 1900, em resposta ao anual "Side Hunt", que, infelizmente, recompensava os caçadores que trouxessem a maior pilha de pássaros mortos. Grupos de conservação, incluindo a recém-formada Sociedade Audubon, preocuparam-se com o declínio das populações de pássaros e decidiram combater a caça com um censo anual de pássaros no país.

No primeiro ano, vinte e sete participantes em vinte e cinco lugares contaram noventa espécies diferentes. Em 2010, cento e dez anos depois, havia mais de 61 mil observadores em mais de 2.200 locais e quase 2.250 tipos de pássaro foram identificados, incluindo mais de 640 nos Estados Unidos. Algumas pessoas viajam para locais remotos para observar e identificar pássaros, enfrentando o clima frio e as tempestades, enquanto outras observam os pássaros das janelas da própria cozinha. O importante é que elas dedicam aquele dia para prestar atenção especial e depois submetem seus achados àqueles que compilam os resultados. Lynn Tennefoss, uma líder nacional da Sociedade Audubon, contou-me que as pessoas que participam da contagem anual de pássaros aprendem a ser grandes observadoras. Desde que começaram a praticar a arte da observação focada e ganhar habilidade para encontrar as aves na sua região, admitem que ficaram muito mais ligadas ao mundo ao seu redor. Elas começam a perceber pássaros que nunca tinham visto antes e tornam-se mais observadoras de modo geral.

Cientistas e artistas de todos os tipos são os "percebedores" do mundo. São treinados para prestar atenção e comunicar o que veem e experimentam para o resto de nós. Por exemplo, Charles Darwin é reconhecido pela ideia da evolução por meio da seleção natural. Ele aprimorou sua habilidade de prestar atenção durante sua jornada de cinco anos no HSM Beagle, de 1831 a 1836, e quando voltou à Inglaterra, estudou todas as espécies e os desenhos que trouxe das Ilhas Galápagos. Pequenas diferenças nos bicos dos tentilhões e nos formatos dos cascos das tartarugas serviram de prova para suas teorias provocadoras. Esse é um forte lembrete do poder da observação.

Inspirado em Darwin, Bob Siegel decidiu ensinar aos alunos a aprimorar seu poder de observação em uma aula que deu para os calouros de Stanford, chamada "The Stanford Safari: field observations in our own backyard" [O Safári de Stanford: observações de campo no nosso próprio quintal]. Bob é um professor que já ganhou prêmios no Departamento de Microbiologia e Imunologia, e dá aula no Centro para Estudos Africanos. Ele está acostumado a liderar expedições para terras longínquas, como Papua-Nova Guiné ou Tanzânia. O Safári de Stanford foi feito para ensinar os alunos a verem coisas que a maioria das pessoas no mesmo ambiente não percebe no cotidiano.

VOCÊ ESTÁ PRESTANDO ATENÇÃO?

A cada dia, os alunos devem fazer uma série de observações sobre o campus e anotá-las em um caderno. Eles se encontram com vários tipos de pessoa, incluindo quatro antigos presidentes de Stanford, os reitores das escolas de medicina, direito e negócios, e os gerentes dos departamentos de admissão e vida religiosa. Eles tentaram encontrar todos aqueles que tinham "universidade" no currículo, incluindo o *ombudsman*, o arquivista, o arqueólogo, o organista, o conselheiro, o arquiteto, o horticultor, o bibliotecário e até o que cuida do controle de doenças. Cada um tinha um ponto de vista único sobre a universidade.

Visitaram lugares famosos e não tão famosos no campus e registraram as informações por meio de fotos em um website sobre a aula. Além disso, a cada dia do Safári, os alunos comiam em um local diferente no campus. Isso pode parecer muito banal. Mas esse simples ato fez os estudantes lembrarem que quase sempre caímos na rotina, como comer no mesmo lugar todos os dias, quando há mais de trinta opções diferentes. Aprenderam muito sobre Stanford. Mas o que mais aprenderam foi a forte experiência de que, ao abrir os olhos, prestar atenção e fazer muitas perguntas, há coisas interessantes a serem vistas em todos os cantos.

A verdadeira observação é uma experiência ativa. Envolve focar seus sentidos e se engajar ativamente com o ambiente. Requer o registro de seus achados em palavras, desenhos, fotos e gravações. Na verdade, é difícil ver Bob Siegel sem uma ou duas máquinas fotográficas penduradas no pescoço. Ele está sempre tirando fotos que o ajudem a observar o mundo com mais detalhes e com profunda admiração. Capturando suas experiências, ele de fato vê muito mais do que nós, que achamos que estamos prestando atenção quando, de fato, não estamos[34].

ENCONTRE SUA CRIATIVIDADE

Também dou aos meus alunos a chance de praticar suas habilidades de observação para aprimorar o poder de prestar atenção. Vamos a um ambiente que já visitaram várias vezes antes. Eu os desafio a observar esse local com novos olhos. Então, encontramo-nos em um shopping local e grupos de alunos passam pelo menos duas horas visitando várias lojas e fazendo observações cuidadosas. Eis um exemplo das perguntas a que respondem em cada loja que visitam.

LABORATÓRIO DA OBSERVAÇÃO

ANTES DE ENTRAR
→ O que há na vitrine da loja?
→ A loja é convidativa? Se a resposta for sim, como?
→ A porta da loja está aberta ou fechada?
→ Qual é o tamanho do nome da loja na fachada?

AMBIENTE
→ Quais são as cores da loja?
→ Qual é o tipo de piso da loja?
→ E a altura do pé-direito? Como você se sente?
→ Como é a iluminação da loja? Como isso o afeta?
→ Quais são os sons do local?
→ Tem música ambiente? Que tipo?
→ A loja tem muito material de propaganda amontoado ou ele está espalhado?
→ A loja parece estar organizada ou bagunçada?
→ Há algum aroma diferenciado?
→ Onde fica o caixa?
→ A segurança da loja é visível?

EQUIPE

→ Quanto tempo levou até que um vendedor fizesse contato?
→ O vendedor segue algum tipo de roteiro?
→ Qual é a razão de haver vendedores para clientes?
→ Qual é a idade e o sexo dos funcionários?
→ Os vendedores usam algum tipo de uniforme?

PRODUTOS

→ Há uma mesa central dando destaque a alguns produtos?
→ Que produtos estão ao nível dos olhos?
→ Quais são os itens menos acessíveis da loja?
→ Onde estão os produtos mais caros? E os mais baratos?
→ É fácil encontrar o preço dos produtos?
→ Existem itens para compra por impulso próximos ao caixa?

CLIENTES

→ Qual é a idade média dos clientes?
→ Quanto tempo em média eles ficam na loja?
→ A maior parte deles parece ter ido com uma ideia definida do que comprar?
→ Qual é a porcentagem de clientes que de fato compra algum produto?
→ A loja é acessível para clientes com deficiência?

Não basta fazer observações precisas. É necessário encontrar uma maneira eficiente de capturá-las para que sejam registradas. Artistas fazem isso registrando suas observações de inúmeras maneiras. Eles exprimem o que vivenciaram em pinturas, fotografias, movimentos de dança e palavras. O ato de registrar observações as fixa na mente. Esse é um dos motivos pelos quais aulas de música e arte são tão importantes. Aprender sobre arte é muito mais do que aprender como pintar um quadro, tirar uma foto ou fazer uma escultura: trata-se

ENCONTRE SUA CRIATIVIDADE

de como observar o mundo, prestando atenção aos detalhes, internalizando essas observações e, depois, expressando-as da maneira escolhida.

Artistas de todos os tipos colecionam e arquivam observações e ideias. Twyla Tharp, famosa coreógrafa e dançarina, escreve sobre isso em seu livro *The Creative Habit*. Ela escreve todas as suas observações e ideias em pedaços de papel e os joga dentro de uma caixa para cada um de seus projetos. Depois, explora o material naquela caixa quando está em busca de inspiração. Ela diz:

Começo todas as danças com uma caixa. Escrevo o nome do projeto nela e, conforme o número progride, encho a caixa com todos os itens que fizeram parte da criação da dança. Isso significa cadernos, clippings de notícias, CDs, vídeos de mim mesma trabalhando no estúdio, vídeos de dançarinos ensaiando, livros, fotos e obras de arte que possam ter me inspirado. A caixa de documentos ativa a pesquisa em todos os projetos. [...] Há caixas separadas para tudo o que já fiz. Se quiser saber um pouco do que eu penso e como trabalho, seria bom começar pelas minhas caixas. A caixa me traz o senso de organização, sentindo que sei o que estou fazendo, mesmo que eu não saiba para onde ir. Também representa um compromisso. O simples ato de escrever o nome do projeto na caixa significa que comecei a trabalhar.[35]

A observação focada e o comprometimento para realmente enxergar o que está acontecendo são chaves importantes para desenvolver bem um produto em empresas como a IDEO, famosa por suas soluções inovadoras para desafios complexos. De acordo com Dennis Boyle, a IDEO foi contratada pela Cruz Vermelha Americana para redesenhar a experiência de doar sangue, com o objetivo de incentivar as pessoas a doarem com mais frequência. As soluções óbvias envolviam repensar o fluxo de pessoas que passam pelo processo de doação de sangue e redesenhar as mesas, cadeiras e equipamento usados em cada local de doação. A IDEO pensou nesses itens e criou um equipamento customizado que deixava os doadores mais confortáveis por terem uma experiência consistente.

A equipe de design da IDEO não parou por aí. Eles continuaram a observar os aspectos da experiência do usuário e, prestando mais atenção aos detalhes e conversando com os que já doavam sangue, tiveram insights interessantes e inesperados sobre a motivação das pessoas para doar sangue. Ficou claro que cada doador tinha uma história comovente para contar sobre o motivo para fazê-lo. Esses relatos pessoais, que teriam ficado invisíveis para aqueles que não conversavam com essas pessoas, eram parte importante da experiência de doação de sangue.

ENCONTRE SUA CRIATIVIDADE

Os designers capturaram as emoções dos doadores tirando uma foto individual e pedindo que escrevessem um pequeno relato com o título "Por que eu doo". As histórias foram expostas em quadros nos locais de doação, encorajando outros a doarem também. Agora, ao entrar no site da Cruz Vermelha Americana, há uma grande foto de um doador com uma pequena história sobre sua motivação para doar sangue e links para aproximadamente uma centena de outras histórias. Essa ideia nunca teria surgido sem uma atenção especial para coisas que tipicamente estão fora do nosso campo de visão.

Grandes inovadores em todos os campos usam esse tipo de atenção focada para identificar oportunidades e solucionar problemas. Mir Imran usa a observação aguçada para identificar oportunidades para descobertas médicas. Ele admite que, sem o foco e a observação detalhada, nunca teria conseguido conceituar e desenvolver as várias invenções médicas que criou. Essas invenções tratam de uma grande variedade de doenças, desde dores de cabeça até doenças do coração, da asma ao Alzheimer, por meio de uma enorme gama de disciplinas, incluindo química, biologia, fisiologia, eletrônica e design de produtos[36].

Mir lê muitas revistas de pesquisas, explorando-as de verdade. Ele admite que "não acredita em nada daquilo". Na verdade, ele questiona tudo o que lê e está sempre buscando padrões e inconsistências. Ele lê e relê, observa os detalhes e o geral, desvendando onde as peças se encaixam e onde existem buracos. Isso é extremamente importante. Observações significativas requerem uma mudança na escala de observação, do detalhe ao geral, e a repetição desse processo. Assim, os padrões ficam evidentes em qualquer nível de resolução.

Como resultado de sua intensa exploração, Mir Imran criou uma nova forma para tratar a fibrilação atrial (FA), uma condição na qual o coração bate de maneira irregular. A FA nor-

A OBSERVAÇÃO FOCADA É A CHAVE PARA ADQUIRIR CONHECIMENTO VALIOSO SOBRE O MUNDO AO SEU REDOR.

malmente resulta no acúmulo de sangue nas câmaras do coração, o que leva à formação de coágulos. Se esses coágulos se soltam e chegam ao cérebro, podem ficar presos nos vasos e causarem um derrame. Isso é muito perigoso. A maioria dos pacientes com FA é tratada com remédios que param o ritmo irregular do coração. Porém, no início dos anos 1990, os cardiologistas passaram a usar um novo tratamento para acabar com a FA, chamado de ablação. Eles literalmente entram no coração e fazem múltiplas incisões ou queimaduras no átrio, o que bloqueia as correntes elétricas que causam a fibrilação no coração. Esse procedimento é ótimo para parar a FA e tornou-se o tratamento padrão para essa condição. De acordo com Mir, mais de cem mil procedimentos desse tipo são feitos por ano nos Estados Unidos e muitas empresas se formaram para criar diferentes ferramentas de ablação do tecido cardíaco.

Mir decidiu olhar para esses dados com lentes diferentes. Primeiro, ele não concebia a ideia de que prejudicar o coração destruindo uma parte dele poderia ser de fato bom para os pacientes. Em segundo lugar, ele percebeu que a FA acontece periodicamente e imaginou se havia uma maneira de tratar essa condição conforme fosse necessário, sem prejudicar permanentemente o coração. Isso o motivou a considerar alternativas para parar a fibrilação. Descobriu, então, que liberar uma minúscula quantidade de antiarrítmicos ao redor do coração instantaneamente cessa a arritmia.

Mir inventou um pequeno marca-passo com uma bomba de remédio. Se o coração tiver fibrilação atrial, o marca-passo libera uma pequena quantidade de medicamento próximo ao átrio. A FA instantaneamente para. Esse tratamento, que será testado em humanos, deve acabar com a necessidade de tomar remédios, eliminar o estrago permanente causado pela ablação e tratar o coração somente quando os pacientes tiverem a fibrilação, reduzindo o risco de derrame e insuficiência cardíaca. A Corhythm Inc., uma afiliada da InCube Labs, está comercializando esse novo tratamento para FA. Isso nunca teria acontecido se Mir não tivesse prestado atenção em vários fatores relacionados ao tratamento da condição.

A observação focada é uma maneira poderosa de adquirir conhecimento sobre o mundo. Esse conhecimento é o ponto de partida para todos os empreendimentos criativos porque fornece combustível para sua imaginação. Você pode praticar o aprimoramento do seu poder de observação ao olhar o mundo com novos olhos ativamente, enxergando a "água" no seu ambiente e registrando suas observações. A observação é essencial para os inovadores. Então, espero que você esteja prestando atenção.

5.
REINADO
DA
MESA

Liz Gerber estava ministrando um workshop na d.school sobre resolução criativa de problemas para um grupo de empresários quando um dos participantes reclamou que o espaço de trabalho de sua equipe era desconfortavelmente pequeno e isso era um fator de dificuldade. O grupo perguntou se poderia se mudar para um local maior. Liz, então, deu a eles uma chave de fenda elétrica e pediu que tirassem o compensado que era facilmente removível. Eles ficaram boquiabertos quando perceberam que isso era, de fato, uma opção, e rapidamente retiraram a parede para criar um ambiente muito maior de trabalho e mergulhar no projeto, preenchendo o espaço expandido com artefatos e ideias.

Os locais nos quais vivemos e trabalhamos são palcos onde encenamos nossa vida. Assim, têm um grande impacto nos nossos pensamentos e comportamentos. Desde o dia em que nascemos, respondemos ao espaço que nos rodeia. Foi demonstrado que crianças que crescem em ambientes estimulantes têm o neocórtex, a camada externa do cérebro, mais desenvolvido. E existem provas de que essas pessoas são mais habilitadas a resolverem problemas cognitivos complexos durante a vida. Por esse motivo, pais novos tentam criar um ambiente interessante para seus filhos na infância. Eles os rodeiam com imagens coloridas e brinquedos que ativam seu sistema nervoso e incentivam sua imaginação. Jardins de infância buscam um ambiente igualmente estimulante. As salas são repletas de incentivos, como blocos e LEGO®, há uma grande quantidade de livros, jogos coloridos e os móveis são feitos para que as crianças possam trabalhar de maneira independente, em grupos ou na classe como um todo.

Infelizmente, conforme as crianças vão ficando mais velhas, as salas de aula ficam cada vez menos inspiradoras. No fim, no ensino médio e na universidade, as mesas e cadeiras normalmente estão alinhadas em fileiras, de frente para a lousa, onde o professor fala e os alunos anotam passivamente. Elas saem de um ambiente feito para estimular a imaginação e vão para um que, inadvertidamente, acaba com ela. E quando vão trabalhar, muitos desses formandos se veem em escritórios com filas de mesas localizadas em cubículos estéreis. Pior ainda, em muitos lugares do mundo esses escritórios são pouco iluminados e repletos de fumaça de cigarro.

Que tipo de mensagens esses ambientes passam? Ao entrar em qualquer espaço, você fica imerso em uma narrativa e se torna um ator daquela história. Sabe qual é seu papel e o que se espera de você. Por exemplo, como se sente e age ao entrar em uma sala de palestras, um quarto de hotel, um terminal de aeroporto, um consultório médico, uma casa de shows ou um playground? Cada espaço o conduz a uma resposta diferente. Normalmente você espera ser um observador passivo em uma sala de palestras; em um quarto de hotel, espera que outras pessoas o limpem; provavelmente se sente sem controle em um aeroporto; sabe que terá de esperar para ver o médico; quer se divertir em um show e também em um playground. Assim, ao criar um escritório, uma sala de aula ou uma sala para ficar com a família nos quais você queira que as pessoas sejam criativas, é preciso ter em mente que o design do ambiente de fato importa. O espaço é um dos fatores-chave de todos os ambientes, juntamente com as regras, recompensas e limites, que serão discutidos mais para a frente.

Enquanto escrevo este capítulo, estou sentada no Coupa Café, em Palo Alto, Califórnia, em uma noite agradável de verão, rodeada de pessoas que estão casualmente tomando um café e batendo papo com os amigos. Alguns estão em grupos pequenos e outros, sozinhos. Este espaço aberto é convidativo para ficar observando os transeuntes e para puxar uma conversa com alguém sentado na mesa ao lado. Na verdade, um jovem acabou de se apresentar para mim e me entregou seu cartão. Estampadas na frente estão as palavras "Ryan Schwartz, empreendedor". Novo na cidade, ele queria conhecer novas pessoas e escolheu este local porque percebeu que seria perfeito para se apresentar aos outros.

Na mesma rua, há um restaurante com um ambiente bem diferente. Certamente você pode visualizá-lo: discreto, com mesas pequenas e música calma, remete a conversas privadas que não devem ser interrompidas. Ali, é bem menos provável que você comece uma conversa com alguém na mesa ao lado. Eu conscientemente decidi sentar ao lado de fora no café, porque, assim como os outros, queria estar cercada pelo burburinho das pessoas e pelo potencial para breves interrupções e inspiração.

Isso pode parecer óbvio. Porém, a maioria de nós não leva em consideração tais fatores quando planejamos os ambientes em que vivemos e trabalhamos. Ao olhar o seu espaço, pense nas variáveis que influenciam como você se sente e age. Considere a altura do teto, a iluminação, o volume da música e preste atenção aos aromas da sala. Todos esses fatores afetam tudo o que você faz, como você se sente, como trabalha, como aprende e como brinca. Os agentes imobiliários sabem muito bem disso. É por isso que acendem todas as luzes e, às vezes, assam alguma guloseima no lançamento de um empreendimento. Eles sabem que cômodos iluminados e o cheiro de cookies fresquinhos vão causar um efeito confortável sobre o imóvel, deixando os visitantes mais suscetíveis a comprá-lo. Embora você saiba que essa é a intenção, funciona.

Os arquitetos sabem muito bem dessas variáveis e as levam em consideração toda vez que projetam um novo edifício. Jeanne Gang, uma arquiteta renomada de Chicago que recentemente ganhou um prêmio MacArthur, é conhecida por projetar prédios chamativos, como o Aqua Tower, no centro de Chicago, que parece ter sido arremessado pelo vento da cidade, e o Starlight Theater, em Rockford, Illinois, cujo teto se abre como uma flor. Sua empresa é extremamente criativa, e a equipe precisa trabalhar em um espaço que incentive a criação de soluções inovadoras para todos os desafios arquitetônicos que encontrarem pelo caminho.

Jeanne me disse que, conscientemente, projetaram um espaço de trabalho que fosse um pouco "fora de controle", repleto de objetos que estimulassem a imaginação. Existem objetos encontrados no mundo todo, como pedras e minerais, materiais de construção, instrumentos musicais, tecidos e artesanatos que oferecem inspiração aos projetos nos quais estão trabalhando. O prédio fica intencionalmente distante do centro da cidade, onde funcionava um antigo banco, que reformaram para chamar de seu. É um ambiente relaxante, por dentro e por fora.

Além do espaço aberto do estúdio, há três salas de reunião exclusivas, cada uma conscientemente desenhada para diferentes tipos de trabalho criativo. As salas têm tamanhos e formatos diferentes e os móveis refletem o objetivo do espaço. A sala laranja é feita para workshops que duram um dia inteiro: possui cadeiras macias e uma grande mesa redonda para os trabalhos em grupo. Abre para o lado do ateliê e também para a cozinha, o que dá fácil acesso tanto aos materiais quanto à comida. Outra sala, predominantemente branca, é destinada a apresentações formais. Decorada com uma mesa de madeira

REINADO DA MESA

retangular, essa sala abre para um jardim. A sala prateada é feita para conversar, não para prototipar. É um espaço reservado, com uma mesa redonda e branca e vista para a atividade na rua. De modo geral, Jeanne construiu um ambiente em que as pessoas não ficam preocupadas em fazer bagunça, onde tudo é flexível; o espaço – por fora e por dentro – reflete os objetivos de quem trabalha ali.

Meu exemplo preferido de trabalho da Jeanne é uma grande cortina flutuante de telhas de mármore que pesam quase um quilo. Nessa peça maravilhosa, ela combina materiais – pedra e tecido – e desvenda propriedades antes desconhecidas do mármore ao fatiá-lo em camadas muito finas. As peças interpostas criam uma cortina de mármore translúcida que fica suspensa. É improvável que ideias como essa venham de um espaço que não inspire a conexão criativa e a combinação de ideias e materiais diferentes.

Um exemplo completamente diferente vem da Square Inc., uma empresa de San Francisco destinada a fazer transações financeiras por meio do celular de forma simples. Eles produzem um equipamento branco e quadrado que é inserido em um smartphone e permite que qualquer um aceite cartão de crédito como pagamento. Os diretores da empresa sabem muito bem que os produtos que vendem são um reflexo totalmente diferente do ambiente em que trabalham. Eles querem que seus projetos sejam simples e "extremamente elegantes" e, de forma explícita, desenharam seu espaço de trabalho da mesma forma. Há uma sala enorme com fileiras de mesas brancas grandes onde todos trabalham. Além disso, há salas de conferência de vidro, projetadas com elegância para conversas mais reservadas. Tudo é limpo, organizado, aberto e todos os funcionários devem manter suas mesas organizadas. A mensagem é clara: nesse local, a simplicidade é valorizada e esperada. Além disso, o espaço aberto reflete a extrema transparência da empresa. De acordo com Michael White, que trabalha na Square, eles anotam todos os detalhes em todas as reuniões, que são depois postados no site interno da empresa para que todos leiam.

Tenho sorte de trabalhar em diversos espaços interessantes na Universidade de Stanford, destinados a diferentes tipos de atividade. Um deles é a d.school, onde dou aulas sobre criatividade. É fascinante observar as pessoas quando entram nesse ambiente pela primeira vez. Sem que ninguém as avise, elas sabem que aquele é um lugar feito para empreitadas criativas. Não existem cubículos ou escritórios. Não há salas de palestra ou lousas. Em vez disso, o espaço todo se parece com um teatro de improviso, onde o cenário muda diariamente, ou até de hora em hora, para atender às necessidades daqueles que o utilizam.

Um dos motivos pelos quais eu gosto de dar aula na d.school é que podemos remodelar a sala de aula de maneiras diferentes a cada encontro, dependendo do que estivermos fazendo naquele dia. Às vezes, os alunos se sentam em pequenos grupos ao redor das mesas que facilmente se encaixam; outras, as cadeiras ficam de frente para as apresentações. Em certos momentos, os alunos ficam em duplas; em outros, a sala se divide em quartos, com diferentes atividades acontecendo em cada seção. Todos os móveis, incluindo mesas, cadeiras, quadros-brancos e pufes (que podem ser usados para sentar ou abrir espaço) podem ser movidos com facilidade e podem de fato desaparecer quando não utilizados. Então o espaço de ensino transforma-se quase que de imediato, às vezes até durante uma aula. A sala está sempre repleta de protótipos, então qualquer um pode rapidamente montar uma ideia. Além disso, há um estúdio de vídeo no qual os alunos podem fazer filmes que contem a história de seus projetos. E o espaço é repleto de itens maravilhosos de antigos projetos que servem de inspiração.

Isso não é por acaso. Planejou-se muito para projetar um espaço que fosse otimizado para a resolução criativa de problemas. Uma "equipe de espaços" na d.school é liderada por Scott Doorley e Scott Witthoft, que estão sempre avaliando o ambiente da escola e experimentando novas ideias. Por exemplo, recentemente uma das instrutoras da escola estava sentada na recepção. Cumprimentei-a e perguntei como estava. Ela me disse que a equipe de espaços estava redefinindo a experiência que as pessoas têm quando entram na escola. Queriam tornar aquele momento tão positivo e reflexivo quanto era o espírito da escola. Quando voltei no dia seguinte, a recepção estava diferente: estavam tentando uma disposição totalmente nova. A equipe de espaços sabe que o ambiente tem um papel essencial na experiência das pessoas e vai a fundo na tentativa de construir espaços que gerem a resposta que busca provocar. Scott Doorley e Scott Witthoft registraram o que aprenderam com suas experiências em um livro chamado *Make space: how to set the stage for creative collaboration*.[37]

Fazer experiências com o ambiente é comum para a empresa de design IDEO. Poucas coisas são definitivas e as pessoas sempre rearranjam os espaços. Quando conheci Dennis Boyle, sócio da empresa, sentamos em uma antiga van que estava estacionada no meio do escritório. Isso começou como uma piada anos atrás. Um colega saiu de férias e, quando voltou, descobriu que seu escritório tinha sido removido para uma van reformada que estava bem no meio do prédio. Ele usou o escritório durante meses e depois transformou a van em uma sala de reunião que qualquer um podia usar. Esse tipo de experiência divertida acontece o tempo todo. Quando os funcionários saem por algumas semanas, podem ter certeza de que quando voltarem algo estará diferente. Dennis listou dúzias de exemplos de como transformar uma sala em um barco quando alguém fosse a um cruzeiro; transformar outra sala na Torre Eiffel quando um colega tivesse ido à França, ou decorar a sala com cores patrióticas, em vermelho, branco e azul, quando alguém finalmente tivesse conseguido o *green card*.

A redecoração de escritórios não deve ser vista como insignificante. Foi criada com base na cultura da IDEO de experimentar com os espaços, e esse tipo de experiência levou a mudanças dramáticas na forma de as equipes trabalharem. Trinta anos atrás, todos na IDEO tinham um escritório. Depois, mudaram-se para um espaço aberto, onde todos trabalhavam em cubículos. Cada designer decorava o cubículo de acordo com seus interesses. Agora, todos se sentam juntos em equipe e não existem mais escritórios. Esses espaços de estúdio, em princípio, são desenvolvidos em torno de projetos em longo prazo ou secretos. Mas mostraram ser tão bem-sucedidos que os "impérios temporários", ou espaços de estúdio, agora estão por toda a empresa.

O primeiro estúdio da IDEO foi construído em 1995, quando Dennis e sua equipe trabalhavam para desenvolver o computador portátil Palm V. Eles descobriram que o ato de se sentarem juntos trazia muitos benefícios. Aumentava a energia dedicada ao projeto, aprimorava a comunicação na equipe e criava um local para que todos os itens do projeto ficassem visíveis. Nesse cenário, a equipe estava sempre "em reunião", o que facilitava a colaboração. A proximidade é, claramente, uma variável importante quando se projeta um espaço. Você tem uma relação muito diferente com aqueles que trabalham perto de você do que com aqueles que estão distantes. Estudos mostram que, se alguém trabalha a mais de quinze metros de você, sua colaboração e comunicação é comparável àqueles que trabalham em prédios diferentes.

REINADO DA MESA

Sem querer, descobri como é poderosa a contribuição do espaço para a resolução criativa de problemas. Propus um jogo de simulação na minha aula de criatividade e dividi a sala em dois ecossistemas. Então, dois jogos completamente diferentes estavam acontecendo ao mesmo tempo. Cada ecossistema tinha quatro equipes e cada uma tinha o desafio de montar um quebra-cabeça no menor tempo. Em cada ecossistema, misturei três quebra-cabeças de cem peças e redistribuí um quarto do total de peças para cada equipe. Como havia menos quebra-cabeças do que times, eles tinham de descobrir como conseguir pegar todas as peças necessárias das outras equipes, em seus ecossistemas, para obterem sucesso.

Um ecossistema foi montado em um lado da sala, com uma pequena mesa para cada equipe, mas nenhuma cadeira. O outro foi montado do outro lado da sala, com cadeiras para cada equipe, mas nenhuma mesa. Na primeira vez que fiz isso, o arranjo dos espaços das equipes não era visto como uma variável na simulação, mas sim como uma forma de diferenciar os dois ecossistemas. Porém, acabou sendo uma variável-chave que afetava o resultado do jogo.

Surpreendentemente, os alunos do ecossistema que tinha cadeiras (mas não tinha mesas) quase que instantaneamente começaram a colaborar. Dentro de minutos, as cadeiras foram rearranjadas em um grande círculo, ou colocadas lado a lado, conforme trabalhavam nos quebra-cabeças no chão. Perceberam que, ao trabalharem juntos, ganharam o maior número de pontos para o jogo. Por outro lado, nas equipes do lado da sala com as mesas (sem as cadeiras), ficavam todos se apoiando nas respectivas mesas. Não colaboraram e, por fim, limitaram o número de pontos que cada equipe ganhou.

Como as mesas tinham rodinhas e se moviam facilmente, seria muito fácil empurrá-las para criar uma única grande equipe. Porém, em todas as vezes que propus essa dinâmica, isso nunca aconteceu. Os participantes sempre ficam chocados quando mostro isso para eles. Eles acham que estavam tomando decisões pensadas e estratégicas e ficam surpresos quando percebem que o espaço de fato ditou suas ações.

Essencialmente, aqueles na sala com as mesas enxergam o mundo enquadrado pelas mesas e, assim, nem pensam em mexer nelas. Um ponto-chave a se concluir dessa atividade é que o espaço físico afeta muito a dinâmica e a criatividade do grupo. Os participantes nunca imaginaram a importância dessa variável, a ponto de mudar seus comportamentos. O espaço contava uma história poderosa e cada equipe se inseriu nela. Na sala com as mesas, a narrativa era "Essa mesa é o nosso reinado. Depende de nós construí-la e protegê-la". Na sala com as cadeiras, o tema era "Nosso mundo é muito flexível. Com pouco esforço, podemos reordená-lo da forma como trabalhamos".

Nenhuma variável deve passar despercebida quando projetamos um espaço criativo, incluindo a cor das paredes ou a música ambiente. Estudos recentes sugerem que paredes vermelhas ajudam a focar a atenção, enquanto paredes azuis incentivam o pensamento criativo. A explicação é que o azul nos traz a imagem do céu e isso abre nossa mente. Isso está relacionado à concepção de que as pessoas têm ideias mais ousadas quando estão em espaços abertos ou com pés-direitos altos. Os arquitetos falam da importância de haver espaços inacessíveis dentro de uma construção. Ou seja, são espaços que você consegue ver, mas não acessar. Embora você não possa tocar o teto, é profundamente afetado por sua altura. Pense nisso: igrejas tradicionais e salas de concerto normalmente têm tetos extremamente altos. São projetados para incentivar pensamentos e sentimentos elevados.

Também somos influenciados não só pelo que existe no nosso espaço, mas pelo que vemos pela janela. A vista pode ser uma fileira de prédios ou uma grande área verde; tudo influencia a forma como você se sente. Um estudo de 1984 mostra que pacientes hospitalizados se recuperam em níveis diferentes dependendo da vista de suas janelas. Segundo pesquisadores do hospital da Pensilvânia, vinte e três pacientes no pós-operatório que tinham vista para um cenário natural receberam alta muito mais rápido e tomaram menos remédios do que aqueles que estavam internados em quartos com janelas que tinham vista para outros edifícios.[38]

O som ambiente também tem um grande impacto sobre nós. Na verdade, toda nossa vida tem uma trilha sonora, assim como um filme. Se você a mudar, o sentimento da cena altera drasticamente. Ori Brafman, coautor de *Click*, deu um exemplo provocativo em uma palestra, em Stanford[39]. Ele mostrou um pequeno vídeo de alguém esquiando na descida de uma montanha muito íngreme com som de rock ao fundo. A experiência do esquiador parecia assustadora e, ao mesmo tempo, muito excitante. Depois, Ori passou o mesmo vídeo, porém, com uma música clássica ao fundo. A experiência mudou na hora. Agora, o esquiador parecia estar flutuando pelas montanhas de maneira calma e reflexiva. A trilha sonora é um personagem importantíssimo do vídeo, que nos faz sentir animados ou serenos.

Tentei fazer uma experiência parecida com uma cena clássica do filme *Rocky*, na qual Rocky Balboa está treinando para uma grande luta. A trilha original é uma música ousada, que prevê o futuro triunfo de Rocky, certamente o vencedor. Criei uma nova versão na qual a mesma cena era acompanhada de uma versão triste e lenta da mesma música. Com isso, o clima mudou 180 graus. Rocky parece estar fadado à derrota, em vez de ser o herói, com a música melancólica. Seus gestos de dor parecem erros fatais, em vez de sinais de força e perseverança. Claro, essa ferramenta é utilizada em todos os filmes ou programas de TV a que assistimos. As trilhas de risadas nas comédias nos fazem rir quando algo deveria ser engraçado, assim como uma música ameaçadora nos assusta em filmes de terror.

As trilhas sonoras não só influenciam a forma como nos sentimos, mas também nosso senso de paladar. Um estudo de Adrian North, no Reino Unido, demonstrou que a maneira como experimentamos vinho muda significantemente dependendo da música de fundo. Nesse estudo, os participantes receberam vinho tinto e branco e depois preencheram uma pesquisa sobre o sabor. A música de fundo era diferente. De fato, a música literalmente mudou o sabor do vinho![40]

Ewan McIntosh, um especialista internacional em aprendizado e tecnologia, passa bastante tempo pensando sobre espaços de aprendizado. Ele descreve sete tipos diferentes de espaço, que podem existir tanto no mundo físico quanto no virtual. Com base no trabalho de Matt Locke, Ewan descreve como os distintos espaços mudam drasticamente a forma como interagimos.[41] Se você quer criar espaços otimizados para a inovação, é importante considerar todos os tipos possíveis.

O primeiro é o "espaço privado". Todos nós precisamos de locais para ficarmos sozinhos em alguma parte do dia. Se não temos esses espaços explicitamente, como escritórios próprios, criamos alguns. Para algumas pessoas, significa encontrar um cantinho mais tranquilo para fazer um telefonema. Para as crianças na escola, pode significar sentar-se em um banquinho, criando um espaço reservado para mandar mensagens para os amigos.

Em segundo lugar, estão os "espaços em grupo" nos quais pequenas equipes possam trabalhar juntas. Pode parecer óbvio, mas muitas salas de aula e escritórios foram projetados de forma a evitar esse tipo de interação. Ficamos sentados em fileiras, em uma sala de palestras, isolados uns dos outros em

AO ENTRAR EM QUALQUER ESPAÇO, VOCÊ FICA IMERSO EM UMA NARRATIVA E SE TORNA UM ATOR DAQUELA HISTÓRIA.

mesas fixas ou em escritórios construídos em cubículos. Espaços para grupos são importantes, porque dão a oportunidade para intensa colaboração. Em uma casa, costuma ser a mesa da cozinha, onde todos se reúnem para compartilhar experiências e discutir tópicos de interesse comum.

Em terceiro lugar, estão os "espaços de divulgação", feitos para exibir o que está sendo feito. Eles existem no mundo físico e no virtual. No virtual, os espaços de divulgação estão nos sites de compartilhamento de fotos e vídeos que refletem o que fizemos e onde estivemos. No mundo físico, os itens dispostos em cômodos públicos da sua casa, como obras de arte, fotos e souvenirs, falam um pouco sobre quem você é. Além disso, sua geladeira e mural de recados cobertos de fotos e mensagens são ótimos exemplos de espaços de divulgação. Em um escritório, esse tipo de espaço é esquecido pela gerência e fica a cargo dos indivíduos decorar seus cubículos ou escritórios. Esses artefatos servem tanto como um lembrete do que aconteceu quanto como estimulantes para futuras empreitadas criativas.

O quarto é o "espaço de performance", ou seja, aquele onde você pode compartilhar ideias ou atuar nelas. Esses espaços estimulam a imaginação e ajudam a colocar ideias em prática. Não necessariamente precisam ser ambientes permanentes, mas precisam estar disponíveis quando necessário. Por exemplo, se os móveis puderem ser arrastados de um lado para o outro, qualquer sala pode se transformar em um espaço de performance no momento de compartilhar ideias.

O quinto é o "espaço de participação". Esse é o que possibilita o comprometimento pessoal com o que está acontecendo. Por exemplo, Ewan sugere que, se você transformar o jardim de uma escola em um jardim público, onde os estudantes possam cultivar plantas, o local foi transformado de um espaço em grupo para um espaço de participação. Ou se os funcionários forem conscientizados sobre o consumo de energia por meio de demonstração de dados, o comportamento deles naturalmente muda. Eles se tornam participantes no espaço e não só ocupantes.

O sexto tipo de espaço é aquele dedicado aos "dados". Funciona como uma biblioteca ou base de dados, na qual todas as informações ficam arquivadas. Não é necessariamente um espaço público, mas precisa ser de fácil acesso, física ou virtualmente. Já que cada vez mais as informações ficam disponíveis on-line, devemos levar em consideração como esse espaço afeta a forma como trabalhamos. No passado, as pessoas exploravam os livros nas bibliotecas para conseguir o material de que precisavam. Agora, muitos de nós estamos conectados durante boa parte do dia, já que na rede podemos encontrar rapidamente as informações que buscamos.

Por fim, existem os "espaços de observação", que fazem com que observemos passivamente o que acontece no mundo ao nosso redor. Às vezes queremos ou precisamos ser observadores passivos, prestando atenção no que acontece em vez de participarmos ativamente. Ao assistir, adquirimos informações importantes sobre nosso ambiente e isso faz com que nos sintamos mais conectados com a organização.

Espaços criativos levam ao trabalho criativo. A Pixar, empresa por trás de filmes criativos como *Toy Story* e *Procurando Nemo*, é um ótimo exemplo. Enormes personagens dos filmes da Pixar o cumprimentam ao entrar na empresa, e cada designer é incentivado a criar um ambiente que reflita suas paixões. Como resultado, uma sala lembra a casa de doces de João e Maria, outra se parece com uma oca e outra é um castelo de LEGO. É bom lembrar que isso não é só divertido. Os designers da Pixar não criariam produtos tão inovadores sem um ambiente tão rico e provocativo.

Não é necessário ser um estúdio megafamoso para criar um espaço estimulante. Muitas startups adotam essa filosofia. Isso não só resulta em um trabalho mais criativo, como também ajuda a atrair e reter funcionários que querem trabalhar em um espaço desse tipo. A Scribd é um bom exemplo. Gerenciada por Trip Adler, Scribd é uma plataforma de publicação on-line que tem um grande escritório aberto, com o pé-direito alto. Há tirolesa que percorre todo o espaço, coleção de karts, pula-pula, *nerfs*, skates, monociclos e scooters, máquina de karaokê, mesa de sinuca e mesa de pingue-pongue. Funcionários que indicam um novo integrante para a equipe ganham uma placa, ao lado de seu "brinquedo", com seu nome. Eles até inventaram um jogo de kart chamado *"scracing"*, uma combinação de Scribd e *racing* [corrida, em inglês]. Segundo Trip, essa nova brincadeira impulsionou os níveis de criatividade da empresa. Claro que não brincam o dia todo, mas os brinquedos e jogos lembram-lhes de que são encorajados a serem criativos em tudo o que fazem.

Apesar da importância do espaço para a inovação, ele ainda é uma casca para as pessoas dentro dele. Por isso, é igualmente importante considerar quem está no espaço. Cada indivíduo em seu ambiente afeta a cultura e influencia os tópicos que são discutidos. Isso não se aplica só àqueles com quem você trabalha diretamente, mas também às pessoas que você encontra casualmente. Na verdade, as conexões aleatórias entre as pessoas nos corredores têm papel essencial na determinação do que acontece no seu espaço. Isso foi demonstrado na pesquisa de Rory McDonald, citada anteriormente, sobre "brincadeiras" paralelas nos negócios. Ele estuda como os adultos, assim como as crianças, são profundamente influenciados por aqueles que os rodeiam, mesmo se não estiverem ativamente comprometidos uns com os outros.

O espaço é fator-chave em todos os ambientes que frequentamos, pois claramente comunica o que você deve ou não fazer. Se você mora e trabalha em um ambiente estimulante, sua mente se abre e tem ideias novas. Porém, se seu ambiente é sem graça e limitante, sua criatividade fica bloqueada. Assim como Liz Gerber incentivou os alunos de seu workshop, considere rearranjar os móveis, pegar um pincel, encher o cômodo com arte e ornamentos ou até pegar uma chave de fenda para construir um espaço que incentive a criatividade.

O espaço é o palco onde vivemos nossa vida. Se você quer ser criativo, precisa construir espaços físicos que liberem sua imaginação.

6.
PENSE
NOS
COCOS

Mais de um ano atrás, meu editor, Gideon, ligou para dizer que a HarperOne queria publicar este livro. Ele estava muito feliz em me dizer que eu tinha dez meses para terminar o projeto. Minha outra obra, *Se eu soubesse aos 20*, foi feita em um período apertado de quatro meses. Em princípio, o *deadline* parecia bem razoável. Porém, eu ficava procrastinando até que só me restaram quatro meses. Cada dia de escrita postergado me surpreendia. Eu sabia que o livro ficaria pronto e estava animada com o processo. Então por que estava adiando o trabalho, dia após dia?

Depois descobri que estava protelando a redação do livro de propósito. Era procrastinação criativa! Na verdade, eu estava construindo minha pressão criativa. Ao me dar mais tempo, Gideon removeu um estímulo importante para minha criatividade. Então, sem ter consciência disso, eu mesma me dei esse estímulo.

Como educadora, eu devia saber que isso ia acontecer. Meus alunos fazem a mesma coisa. Se eles têm uma tarefa para fazer em dez semanas, esperam até a oitava semana para começar. Na verdade, eu costumava passar um projeto em longo prazo para eles, mas depois desisti e passei a dar projetos de duas a três semanas. Os resultados foram surpreendentes. Os alunos têm três vezes mais trabalho para fazer, mas fazem muito melhor e aproveitam muito mais. A pressão está lá desde o princípio, mas sua energia nunca acaba, sabem que não há tempo a perder. Limitações de todos os tipos têm um papel importante no resultado criativo. Segundo Marissa Mayer, ex-chefe de desenvolvimento de produtos no Google: "A criatividade ama limites"[42]. E o tempo é um dos muitos exemplos poderosos disso.

Teresa Amabile, Constance Hadley e Steve Kramer, da Harvard Business School, descrevem esse conceito muito bem. Eles estudaram a criatividade em organizações durante muitos anos. Em um artigo chamado "Creativity Under the Gun"[43], Amabile e seus colegas demonstram, por meio da seguinte matriz, como a pressão de forma geral influencia a criatividade:

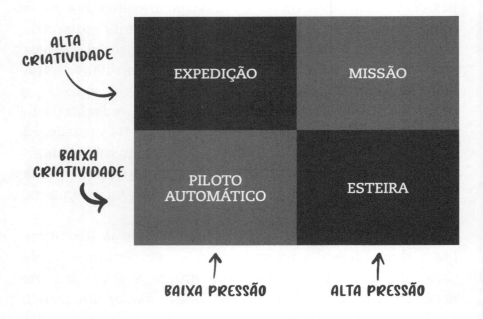

Em algumas condições, as pessoas experimentam criatividade baixa e alta. Elas se sentem como se estivessem em uma expedição, pois estão livres para se engajar em uma incansável exploração de oportunidades. Nessa situação, as pessoas precisam estar muito automotivadas e inspiradas para aproveitar a ausência do estresse para empreitadas criativas.

Há ocasiões de baixa pressão que levam à baixa criatividade. Nesses casos, os indivíduos se sentem como se estivessem no piloto automático. Não há incentivos externos nem estímulo para serem criativos e sentem-se entediados e sem inspiração.

Às vezes, a alta pressão leva à baixa criatividade. Isso acontece quando a pressão é sem foco e insistente. O trabalho não parece mais ser importante e o objetivo muda a toda hora. As pessoas nessa situação se sentem como em uma esteira que nunca para.

Finalmente, em algumas condições, a alta pressão leva à alta criatividade e os envolvidos se sentem em uma missão. Nesse ambiente, apesar da pressão, há um objetivo claro, focado, importante, e as pessoas são altamente criativas. Um exemplo extremo de estar em uma missão aconteceu durante o desastre do Apollo 13, em 1970. Amabile e seus colegas descrevem isso muito bem no estudo.

Em 1970, durante o voo da Apollo 13 para a Lua, houve uma explosão a bordo, que prejudicou o sistema de filtração de ar, levando a um perigoso aumento de dióxido de carbono na cabine. Se o sistema não pudesse ser consertado ou substituído, os astronautas morreriam em algumas horas. No centro de controle da Nasa, em Houston, todos os engenheiros, cientistas e técnicos imediatamente focaram sua atenção no problema. Trabalhando com materiais idênticos aos que havia a bordo da espaçonave, eles tentaram desesperadamente construir um sistema de filtração que os astronautas pudessem replicar. Todos os materiais imagináveis foram considerados, incluindo a capa do manual de procedimentos de voo. Sem tempo a perder, eles criaram algo feio, sem elegância e longe de estar perfeito, mas que poderia dar certo. Os engenheiros rapidamente mostraram o design com clareza para os astronautas, que já estavam com o sistema cognitivo afetado. Quase que incrivelmente, eles conseguiram construir o filtro. Deu certo e três vidas foram salvas.

Claramente, nessa situação, todos os envolvidos estavam sob extrema pressão, o que aprimorou muito sua criatividade. Eles tinham pouco tempo, recursos escassos e vidas estavam literalmente em risco. Em diferentes proporções, esse tipo de aceleração acontece toda hora quando corremos para organizar um evento de última hora, sem aviso prévio, ou quando nos esforçamos para que um produto seja lançado antes de um *deadline* apertado.

Algo similar aconteceu no eBay depois dos trágicos eventos de 11 de setembro, em 2001, quando terroristas destruíram o World Trade Center, em Nova York. A empresa decidiu lançar um "Leilão pela América" com o objetivo de vender itens doados para levantar cem milhões de dólares em cem dias. O esforço para planejar e construir um projeto como esse normalmente levaria vinte semanas. Porém, dadas as circunstâncias, foram necessários somente três dias: um dia para criar o site e dois para codificá-lo e testá-lo. Cem engenheiros do eBay foram convocados para o projeto. Eles trabalharam noite e dia durante um fim de semana inteiro, com só uma hora de descanso, e deixaram tudo pronto. Com um objetivo focado e importante, os membros da equipe sentiram que estavam em uma missão. Esse é um poderoso exemplo do que pode ser conquistado quando há uma emergência que requer o pensamento rápido e criativo[44].

Podemos ter acesso aos insights dessas experiências extremas para ver como os limites em todos os ambientes estimulam a criatividade. Vamos considerar as startups. Na maioria dos casos, esses negócios têm recursos limitados e precisam levar um produto para o mercado rapidamente. Geralmente, os limites são, na verdade, um bom estímulo e um catalisador para a criatividade.

Ann Miura-Ko, sócia da Floodgate Fund, replica esse sentimento. Ela de fato acredita que os limites são necessários para todas as empresas, especialmente para as startups. Sem eles, as empresas vão atrás de estratégias erradas e são bem menos criativas para encontrar maneiras de alcançar seus objetivos. Com recursos muito limitados, os fundadores das empresas precisam fazer trocas dolorosas e devem encontrar formas criativas de resolver seus problemas. Eles precisam sacrificar aquilo que querem fazer para dar lugar ao que precisam fazer. Os limites os fazem ter cuidado, elencar prioridades e usar o máximo de inovação possível.

Um exemplo memorável é o filme do grupo Monty Python, *Monty Python e o Cálice Sagrado*. Em uma das cenas desse filme de baixo orçamento, você ouve o som de cavalos vindo na sua direção em meio a uma neblina densa. Conforme se aproximam, percebe-se que não são cavalos – somente um soldado batendo dois cocos, que imitam o som do trote do cavalo. O orçamento era tão baixo que eles não podiam arcar com os cavalos. Como alternativa, os atores decidiram bater dois cocos e criar o som. A cena, que teria dado certo com os cavalos, ficou muito mais engraçada com os cocos. Esse é um bom exemplo de que menos é, quase sempre, mais. Além disso, retoma-se a mensagem sobre emoldurar problemas. Ao se fazer a pergunta "Como podemos recriar o galope dos cavalos?", em vez de "Como conseguimos os cavalos?", a gama de soluções se altera drasticamente. Quando você se vir em uma situação muito limitante, inspire-se nos cocos.

Essa ideia se reflete no trabalho de Eric Ries, "lean startups".[45] Ele desenvolveu essa abordagem durante sua experiência como cofundador e líder técnico na IMVU, uma empresa de jogos on-line de sucesso. Pela experiência, ele aprendeu que trabalhar com limites induz à criação de melhores produtos. A filosofia do lean startup [ou startup enxuta] defende a criação de protótipos rápidos de produtos para serem testados no mercado, por meio do lançamento de "produtos minimamente viáveis". Gastando a menor quantidade de tempo e dinheiro possível antes de lançar o produto, você consegue ter um feedback bem mais rápido do cliente. Com isso, é possível desenvolver e melhorar seus produtos e mais rapidamente do que usando as técnicas tradicionais. Essa abordagem deu muito certo quando as empresas per-

LIMITAÇÕES DE TODOS OS TIPOS TÊM UM PAPEL IMPORTANTE NO RESULTADO CRIATIVO.

ceberam que até para desenvolver produtos de tecnologia avançada, menos é mais.

Para demonstrar esse conceito na minha aula de criatividade, peço aos alunos que criem, em cinco minutos, uma linha de cartões de felicitações. Como você pode imaginar, uma empresa normalmente leva meses para fazer isso. Especifico a eles um feriado e os deixo livres, somente com papel, canetas marca-texto e tesouras. No fim do tempo determinado, eles têm de mostrar os protótipos de quatro cartões que possam ser vendidos juntos para dar uma alavancada nas vendas. A classe toda vota nos preferidos e a equipe vencedora leva um prêmio. Isso significa que todos têm tempo, recursos limitados e concorrência.

Os resultados são sempre divertidos e criativos. Por exemplo, quando o feriado foi o Dia da Terra, uma equipe criou cartões repletos de sementes que poderiam ser plantadas, e outra criou um cartão que podia ser reutilizado, com a intenção de reaproveitar papel. Os alunos sempre ficam contentes com o que conseguem realizar em um período curto de tempo e admitem que a pressão é um catalisador surpreendente.

Há muitas situações da vida real em que a imposição de limites leva a uma explosão de criatividade. O Twitter é um exemplo disso. Somente cento e quarenta caracteres para transmitir uma mensagem*. Por isso, você precisa de grande limitação e criatividade para fazer uma frase que chame a atenção das pessoas. Inicialmente, parece muito limitante – e é. Mas, com o tempo, as pessoas descobriram maneiras muito inovadoras de usar a ferramenta. Como usuária do Twitter, sempre elaboro estratégias para descrever o que estou fazendo ou vendo em poucos caracteres. Como um haicai ou uma

---

* Desde 2017, o Twitter passou a permitir 280 caracteres por postagem. [N.E.]

PENSE NOS COCOS

pequena tela em branco, requer atenção focada e criatividade para comunicar o que for significante.

Aqui estão alguns dos meus exemplos preferidos: ao seguir o @cookbook, escrito por Maureen Evans, você encontra receitas com apenas cento e quarenta caracteres*, como a seguinte:

Ervilha cozida e salada de toranja: tempero cítrico, toranja em cubos; suco+chá-limão+mel+óleo gergelim. Misture 500g erv/ xíc óleo/¼ xíc temp.cít+sal; assar~3m.
Ovos Berlim: 3 xíc. chalota/⅓ xíc. azeite + 6 xíc. abóbr@ fogo baixo;+ ¼ xíc. tomilho/ lim+alho/sal+pim. 4 fatias pão preto; +4 ovos pochê/manjer.
Caesar Salad: Triturar 6 anchovas/alho;+col. chá mostarda/ ½ col. azeite. Whisky+ovo+lim. Misture alface+½ col. parm.+3 col. crouton; + lim/sal+pim. a gosto.

Outro usuário do Twitter, Jonah Peretti, descobriu uma maneira de criar um "Escolha sua própria aventura do Twitter". É brilhante. Eis uns exemplos:

Escolha sua própria aventura no Twitter! RT para que os seguidores possam jogar! Boa Sorte! http://bit.ly/Start-The-Adventure
Você recebeu uma missão perigosa para

---

* Os exemplos de tweets têm até cento e quarenta caracteres nos textos originais em inglês. [N.E.]

ENCONTRE SUA CRIATIVIDADE

salvar o mundo. Você 1) http://bit.ly/Accept-Mission ou 2) http://bit.ly/Go-On-Vacation
Seu paraquedas p/ a Coreia do Norte passa por guardas e você chega a uma bomba nuclear. Você 1) http://bit.ly/Cut-Red-Wire 2) http://bit.ly/Cut-Blue-Wire
Cortar o fio azul inicia uma reação em cadeia – nada bom. Nada bom mesmo. => http://bit.ly/Do-You-Survive
Um filme da vida passa por seus olhos enquanto você morre. Poderia ter sido diferente? Tente novamente => http://bit.ly/play-again

Mas e se os limites forem ainda maiores? Que tal seis palavras? Uma vez perguntaram a Ernest Hemingway se ele poderia escrever suas memórias em seis palavras. Ele respondeu com o triste conto: "À venda: sapatos infantis, nunca usados". Esse desafio foi abraçado pela revista *SMITH*, que, por sua vez, abriu para todos no seu site. Depois, isso virou um livro best-seller[46]. É impressionante o quão criativas e brilhantes podem ser seis palavras. Eis alguns exemplos do site:

Preso no repetir. Preso no repetir.
Fiquei noivo por um só dia.
Sou deficiente físico, não sou coitado.
Encontrados no CraigsList, mesa, apartamento, noivo.
Não sou preguiçoso. Tenho meu ritmo.

Sou filha cuidadosa de homem negligente.

Para estimular a imaginação dos alunos e conhecê-los melhor no primeiro dia de aula do curso de criatividade, pedimos que se apresentassem usando seis palavras. As severas limitações causam resultados interessantes. Alguns exemplos:

Minhas melhores ideias envolvem fita adesiva.
Cadáveres pararam de me seguir em casa.
Dois olhos abertos, mesmo que míopes.
Nunca deixo de lado um desafio.

Em alguns casos, é muito benéfico usar a abordagem oposta: remover todos os limites ou tirá-los um por um. De acordo com Diego Piacentini, chefe de operações internacionais da Amazon, os diretores da empresa sempre removem as limitações financeiras quando tomam uma decisão estratégica. Eles se perguntam se tomariam tal decisão em prol dos clientes caso não houvesse consequências financeiras. Se a resposta for sim, então pensam em como solucionar, mesmo que a decisão não faça sentido do ponto de vista financeiro em um curto período de tempo.

Antes de 2002, por exemplo, a Amazon oferecia frete grátis durante os feriados, mas não durante o resto do ano. Era claro que os clientes amavam essa oferta e compravam mais quando não tinham que pagar o frete. À primeira vista, seria impossível que a empresa oferecesse esse benefício o ano todo, porque o frete é caro e dá-lo aos clientes tiraria os lucros da empresa. Mas a liderança da Amazon se perguntou: faríamos isso se não houvesse limitações financeiras? A resposta clara era que sim. Então descobriram um modo de colocar isso em prática. Encontrando maneiras de aumentar o volume de suas entregas, conseguiram negociar preços mais baixos de frete, o que fez com que a decisão valesse a pena para todos.

Todo ambiente tem seus limites, que incluem uma combinação de tempo, dinheiro, espaço, pessoas e concorrência. Essas limitações moldam sua imaginação e desenvolvem a inovação. Mesmo quando se tem uma abundância de recursos, é importante considerar como seriam os mesmos desafios sem eles. Limites são ferramentas que podem, e devem, ser levadas aos extremos para catalisar e compor a energia criativa.

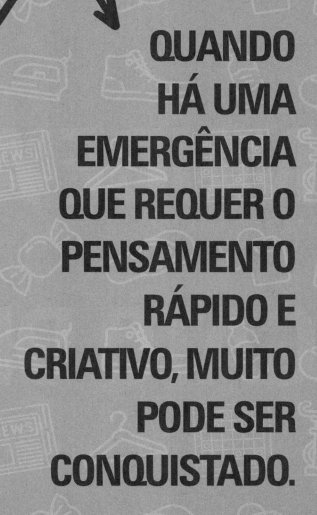

QUANDO HÁ UMA EMERGÊNCIA QUE REQUER O PENSAMENTO RÁPIDO E CRIATIVO, MUITO PODE SER CONQUISTADO.

7.
MUDE A RAÇÃO DO GATO DE LUGAR

Em viagens de carro com a minha família, quando eu era mais nova, meus pais distraíam a mim e aos meus dois irmãos com brincadeiras típicas de estrada. Em uma delas, tínhamos de procurar placas de veículos de outros estados; em outra, identificávamos objetos misteriosos na paisagem e, em uma terceira, tínhamos de encontrar tudo que começasse com as letras na ordem do alfabeto, de A a Z. Esses jogos complementam aqueles que literalmente fazem parte de nossa vida. Toda família tem suas regras, assim como toda sala de aula, todo escritório e todo grupo social. Dessa maneira, cada ambiente pode ser visto como um jogo. As regras de cada um dos "jogos" – tanto como as recompensas e os castigos – são parte integral de cada um desses ambientes e influenciam drasticamente nosso comportamento.

Naturalmente nos ligamos às regras e rapidamente aprendemos as sutis diferenças entre as diferentes expectativas em cada ambiente. Dessa forma, se você quer desenvolver sua criatividade, e também daqueles com quem convive e trabalha, precisa aplicar regras e recompensas que incentivem a inovação. Assim como você pode manipular seu espaço e os limites do seu ambiente para ativar sua Máquina da Inovação, também pode mudar as regras e recompensas para inspirar mais criatividade.

Devido à crescente popularidade dos videogames, alguns pesquisadores tornaram-se especialistas na sutileza dos jogos e seus efeitos no comportamento. Suas reflexões foram utilizadas para desenvolver regras para muitos outros ambientes, projetados para influenciar o comportamento das pessoas. Isso é chamado de "gameficação".

ENCONTRE SUA CRIATIVIDADE

Tom Chatfield, da Universidade de Bristol, estuda a gameficação e desenvolveu uma lista de fatores que inspiram as pessoas a se engajar em comportamentos desejados[47]. Com base em um conjunto de princípios psicológicos facilmente generalizados para serem aplicados em qualquer organização, essas variáveis devem ser levadas em conta quando você espera inspirar criatividade.

Primeiro, Chatfield descreve a necessidade de dar às pessoas um feedback constante e preciso sobre seu progresso no jogo. Isso significa fornecer dados sobre como estão se saindo a cada pequena empreitada. Por exemplo, na maioria dos jogos de videogame, a pontuação dos jogadores é exibida a todo instante, o que mostra se estão se saindo bem ou mal. Os pontos se acumulam rapidamente e assim os jogadores aprendem o que dá certo e o que não dá. O grande sucesso de jogos como o *Angry Birds*, com milhões de downloads por dia, demonstra isso muito bem. Cada rodada dura apenas alguns segundos e dá um feedback instantâneo. O jogador pode rápida e facilmente experimentar diferentes abordagens para desenvolver estratégias vencedoras.

O mesmo princípio foi usado com os carros elétricos cujo painel mostra aos motoristas se estão dirigindo de forma eficiente. Esse feedback imediato faz com que o ato de dirigir pareça um jogo, já que os motoristas mudam a maneira como estão guiando para conseguir a melhor "pontuação". Joe Nocera descreve seu *test drive* em um Chevy Volt:

O que me pegou mesmo foi que, no painel, junto com o medidor de bateria, o Volt tem outro medidor que calcula a quilometragem por galão*. Durante uma viagem de duas horas até Southampton, usei dois galões de gasolina, um quarto de tanque. Então, quando peguei a estrada, dizia: oitenta quilômetros por galão. No dia seguinte, depois de passar a noite carregando, não usei gasolina. Depois de dirigir quarenta e oito quilômetros pela manhã, recarreguei a bateria durante algumas horas enquanto arrumava a casa. Com isso, dirigi mais dezesseis quilômetros, mais do que o suficiente para me levar aonde eu precisava naquela noite, somente com a bateria. Antes que eu percebesse, minha quilometragem com o tanque cheio tinha chegado a quase cento e trinta quilômetros. No dia seguinte, atingiu cento e sessenta. Rapidamente fiquei obcecado em aumentar minha quilometragem por galão e evitar comprar gasolina. Sempre que voltava para casa, carregava o carro, mesmo que

---

* Um galão – medida para gasolina comum nos Estados Unidos – equivale a 3,8 litros de gasolina. [N.E.]

por algumas horas, só para conseguir mais alguns quilômetros. Na verdade, eu controlava a quantidade de gasolina que consumia e essa sensação era muito boa. Quando devolvi o carro para a General Motors, tinha dirigido 482 quilômetros sem usar nenhuma gasolina, a não ser os primeiros oito litros. Não sou um cara que pensa muito em meio ambiente, mas tenho de confessar: senti orgulho de mim mesmo.

Quando comecei a descrever o efeito psicológico que o carro teve sobre mim, ele riu. "Sim", ele disse, "é como jogar um videogame que constantemente mostra sua pontuação"[48].

Em seu artigo, Nocera escreve: "Quem tem um Volt dirige 1.600 quilômetros ou mais antes de comprar gasolina". Esse é um exemplo tangível de como o feedback constante impacta o comportamento das pessoas.

Imagine como seria interessante ter esse tipo de feedback sobre nosso desempenho em todas as atividades. Por exemplo, considerando a relação entre um restaurante e o cliente. Alguns clientes querem muita atenção, outros querem ficar em paz. Se os clientes tivessem um monitor sobre a mesa mostrando como eles se sentem que refletisse quanto de gorjeta

MUDE A RAÇÃO DO GATO DE LUGAR

eles pretendessem deixar – quase um "gorjetômetro" – os garçons teriam um feedback constante de como estão se saindo e poderiam mudar seu comportamento com base nisso.

Esse tipo de micromonitoramento passou a ser popular durante campanhas eleitorais. Na campanha presidencial de 2008 dos Estados Unidos, a CNN exibia os debates entre Barack Obama e John McCain com um gráfico móvel na parte inferior da tela, mostrando as reações do público em tempo real. Espectadores selecionados davam pontos positivos ou negativos para cada candidato com base na sua reação ao que estava sendo dito. Os resultados eram compilados e mostrados no lado inferior da tela.

O total oposto dessa abordagem é percebido em avaliações de desempenho de empresas, que normalmente acontecem uma vez por ano, antes de se fazerem os cálculos de bônus e salários. Esse feedback pouco frequente não só gera mais estresse aos funcionários, como também diminui a criatividade. Com o feedback inconstante, os funcionários fazem o que é seguro e evitam se arriscar criativamente por medo de ter uma avaliação negativa no fim do ano. Eles fazem o que sabem que vai dar certo em vez de tentar algo novo. Por outro lado, se os gerentes fornecem um feedback constante, os funcionários têm a chance de mudar seu comportamento rapidamente antes que se estabeleçam padrões e expectativas.

Na d.school, usamos uma abordagem pensada para promover o feedback rápido e implementar a inovação. Depois da aula, o corpo docente e os alunos se reúnem para participar da discussão "Eu gosto; eu gostaria; e se". Usamos um quadro-branco e nos sentamos em círculo. O grupo todo, tanto professores quanto alunos, traz as coisas de que gostou na aula, o que poderia ter sido melhor e as novas ideias para serem experimentadas da próxima vez. A equipe de professores e os alunos ganham um feedback rápido e podem mudar durante o curso, em vez de aguardar por esse feedback até o final do semestre, quando seria muito tarde para mudar qualquer coisa. Nas nossas aulas de criatividade do último trimestre, fizemos isso várias vezes ao longo das dez semanas de curso. Todas as vezes ouvíamos sugestões maravilhosas e conseguimos implementá-las de imediato. Entre elas, estava uma nova forma de passar lição de casa e uma maneira melhor de avaliar os projetos. Esse tipo de feedback é incrivelmente valioso e incentiva as pessoas a experimentar novas ideias, sabendo que terão um retorno rápido sobre o que deu certo e o que não deu, sem medo de se surpreender com as consequências negativas no fim do curso.

Chatfield também descreve a necessidade de fornecer objetivos em curto e longo prazo. Deve existir a oportunidade de acontecerem pequenas vitórias pelo caminho, assim como grandes objetivos no horizonte distante. No mundo dos jogos, pode significar derrotar vários inimigos diferentes no caminho para matar o dragão no final. Essa abordagem funciona bem em situações escolares ou profissionais também. As pessoas devem ser recompensadas por encontrar soluções para pequenos problemas enquanto focam um desafio maior ou um grande desafio que pode estar a anos de acontecer.

A Proteus Biomedical criou um "jogo" inusitado para recompensar a inovação. Sempre que alguém solicita uma patente, essa pessoa ganha um cérebro de borracha para colocar dentro de um frasco de vidro grande que fica exposto em uma prateleira com outros frascos na entrada de cada prédio. Esses cérebros tornaram-se um símbolo de status na empresa e todos querem ter um em sua coleção. O cofundador da empresa, Mark Zdeblick, tem frascos cheios de cérebros, e os que não cabem ficam na sua mesa. Esse programa reconhece os inventores e efetivamente incentiva a inovação na empresa.

Um exemplo divertido vem de um site chamado Written? Kitten!, feito para incentivar a escrita. Nele, sempre que você atingir uma meta em sua redação, como trezentas ou quinhentas palavras, aparece a imagem de um gatinho. Para aqueles que gostam de gatos, é um incentivo ótimo para continuar escrevendo. Esse programa foi feito em resposta a um aplicativo chamado Write or Die [em português, Escreva ou Morra], que pune os escritores por não escrever. A ideia por trás desse aplicativo é "colocar medo" no aspirante a escritor.

É possível configurar o programa para níveis diferentes de punição por não escrever. No modo gentil, quando você para de escrever durante determinado tempo, um lembrete amigável aparece na tela incentivando-o a continuar a escrever. No modo normal, se você parar, um barulho pouco agradável o incentiva a voltar a escrever. E no modo "kamikaze", o programa começa a apagar o que você já fez, uma palavra de cada vez, até que você recomece[49].

Não importa se você prefere recompensas por alcançar certos objetivos ou castigos pela inatividade, mas é importante dar crédito aos esforços feitos, assim como às tarefas realizadas com sucesso. Os dois programas de redação fazem isso porque não julgam o trabalho. Só respondem ao ato de escrever. Isso está de acordo com os ensinamentos do livro de Robert Sutton, *Ideias malucas que funcionam*[50] [Editora Campus, 2002]. Bob argumenta que a criatividade é desenvolvida quando você recompensa tanto o sucesso quanto o fracasso e pune a inatividade. A criatividade, assim como o jogo, tem muitos becos sem saída, e as pessoas precisam ser recompensadas por explorar e descobrir que uma abordagem específica não dá certo. Recompensando ativamente os esforços, você incentiva mais o ir além.

Compromisso e exploração também são aprimorados quando o processo inclui incerteza e surpresa. Cientistas que estudam o comportamento animal sabem disso há muitos anos. O famoso psicólogo B. F. Skinner descobriu que recompensas intermitentes ou aleatórias levam a um comportamento mais consistente. Por exemplo, se um macaco percebe que, quando aperta uma barra, às vezes libera um pedaço de fruta e outras não, ele vai pressionar a barra mais consistentemente sabendo que, às vezes, o esforço terá um retorno. Esse princípio psicológico é muito usado em Las Vegas, onde os apostadores jogam nas máquinas de caça-níquel durante horas, esperando recompensas aleatórias. Esse princípio pode ser usado para aprimorar a criatividade, fornecendo reconhecimento intermitente pelo trabalho criativo. Considere usar recompensas inesperadas para contribuições criativas ou dê agrados especiais, aleatoriamente, para ideias particularmente inovadoras. Saber que a qualquer hora pode aparecer uma surpresa maravilhosa como recompensa incentiva o trabalho criativo.

Finalmente, o jogo também ganha valor quando existe real engajamento social. Somos animais sociais e a oportunidade de estarmos ativamente envolvidos com os outros de forma significativa nos inspira a fazer coisas marcantes, indo além do que faríamos se estivéssemos sozinhos. Um bom exemplo são as corridas. Meu filho, Josh, que estuda na Universidade do Sul da Califórnia, confirmou que os corredores quase sempre se saem melhor batendo os próprios recordes quando estão em corridas de revezamento. Fazer parte de uma equipe os motiva a ir além e buscar um desempenho fenomenal. Esse efeito pode ser usado na educação, em cenários de negócios e em casa. Trabalhando juntos, compartilhando sucessos e fracassos, uma equipe criativa vai além dos limites, muito mais do que se estivessem trabalhando sozinhos.

Também fica claro que qualquer atividade fica mais engajadora ao transformá-la em um jogo. Uma iniciativa da Volkswagen, chamada de "Teoria da Diversão", é dedicada a tornar as tarefas diárias – como subir as escadas ou jogar o lixo – mais interessantes. Uma estação de metrô na Suécia, por exemplo, tem escadas comuns e escadas rolantes que levam até a rua. A maioria das pessoas pega a escada rolante. O pessoal da Teoria da Diversão decidiu que subir as escadas comuns poderia ser mais divertido do que subir as escadas rolantes. Então, transformaram os degraus em teclas de piano. Ao pisar nos degraus, você toca música. As pessoas passaram a preferir as escadas comuns e subiam ou desciam nelas correndo, pulando ou dançando, porque era divertido e interessante. A Teoria da Diversão também criou a "lixeira mais profunda do mundo" em um parque público. Ao jogar lixo nessa lixeira, ela emite um efeito sonoro que faz parecer que o objeto está caindo durante muito tempo até atingir o fundo. É tão divertido que as pessoas começaram a pegar lixo no chão do parque para jogar nela e ouvi-la[51].

Os jogos são uma ótima forma de demonstrar que pequenas mudanças nas regras têm um grande impacto no comportamento criativo. Em uma das minhas aulas, escolhi um jogo que tinha um evidente equilíbrio entre regras e recompensas, e aí podíamos determinar se mudar aquele equilíbrio afetava a criatividade. Decidi usar o jogo Scrabble, muito famoso nos Estados Unidos. Cada jogador aleatoriamente pega sete letras dentro de um saco. Eles precisam criar palavras usando aquelas letras ao colocá-las no tabuleiro partindo de outras palavras que já estão ali. O tabuleiro do Scrabble é estruturado de modo a incentivar os jogadores a montar as palavras a partir do centro dele, indo para as extremidades. Assim, podem alcançar as casas que dão três vezes mais pontos por letras ou até por palavras. Durante o jogo, eles são recompensados com bônus menores, mas ainda assim valiosos, como dobro de pontos por letras ou por palavras. E há um grande bônus de cinquenta pontos para quem usar as sete letras ao mesmo tempo.

Levei oito tabuleiros de Scrabble para a classe e deixei que os alunos jogassem. Depois que se ambientaram, a cada dez minutos eu mudava as regras. Algumas deixavam o jogo mais fácil, outras, mais difícil. Para ficar mais fácil, deixei que pegassem nove letras, em vez de sete, ou usassem nomes próprios e palavras estrangeiras. Para torná-lo mais difícil, pedi que adicionassem somente palavras de quatro letras, ou que construíssem cada nova palavra somente a partir da anterior, ou adicionassem uma palavra ao tabuleiro durante uma quantidade determinada de tempo.

Os resultados foram surpreendentes. Como esperado, sempre que as regras eram facilitadas, todos comemoravam, e quando as regras eram dificultadas, eles reclamavam. Mas a comemoração era enganosa. Eles pensavam que pontuariam mais e seriam mais criativos com as regras menos rígidas. Porém, não foi o caso. Os alunos eram mais criativos – e pontuavam mais – quando as regras eram mais rígidas. Por exemplo, quando as instruções permitiam a inclusão de nomes próprios, um aluno misturou letras sem sentido e disse que aquele seria o nome do seu filho. Embora tenha sido engraçado, todos concordaram que a resposta era inválida e não uma solução criativa. Quando as regras estavam mais rígidas, os alunos tinham de ser mais criativos, o que aumentava a competição. Eles tinham de trabalhar em equipe para alcançar os objetivos individuais. No final, eles fizeram pontos coletivamente. Isso reforça a mensagem do capítulo anterior, sobre o impacto dos limites sobre a criatividade.

Durante a discussão que se seguiu ao jogo, os alunos concluíram que as regras originais do Scrabble tinham o equilíbrio perfeito entre os limites e a liberdade, e por esse motivo o jogo faz sucesso há tanto tempo. Mas eles também percebe-

MUDE A RAÇÃO DO GATO DE LUGAR

ram que mudar as regras, nem que seja muito pouco, altera drasticamente a experiência. Eles foram embora valorizando mais as vantagens que têm quando gerenciam ou participam de equipes criativas. Perceberam que deveriam dar valor aos objetivos que têm em mente e estabelecer regras e incentivos para inspirar os outros a alcançá-los.

Esses conceitos são relevantes em todas as atividades. Por exemplo, o Food and Drug Administration (FDA), nos Estados Unidos, órgão responsável por determinar quais instrumentos e remédios são seguros e eficazes, implementa incentivos determinados pelo Congresso para encorajar as empresas farmacêuticas a se comportar de modos específicos. A maioria das empresas farmacêuticas desenvolve remédios para doenças que afetem um grande número de pessoas, já que são motivados a vender em grande quantidade. Isso faz sentido, já que custa muito inventar, testar, vender e distribuir um novo produto médico.

Nancy Isaac, uma advogada especializada em ajudar as empresas farmacêuticas a levar seus produtos para o mercado, explica que o governo também quer incentivar os produtores de remédios a criar alguns que tratem doenças raras, também chamadas de "drogas órfãs". Para dar mais incentivo, as farmacêuticas que fazem as drogas órfãs podem ter benefícios especiais. Um incentivo interessante é que, em vez de dois a três anos de exclusividade, durante os quais o produtor do remédio é a única empresa que pode vendê-la, as empresas que as fazem podem ter sete anos de exclusividade. Com isso, elas podem vender o remédio sem concorrência por sete anos, o que é um grande incentivo. Isso levou uma indústria inteira a se especializar em produzir remédios para doenças raras.

O Orphan Drug Act [Ato da Droga Órfã] funcionou tão bem que grupos que advogam na causa infantil estão insistindo por mais um benefício no Congresso. Eles querem que as farmacêuticas foquem em drogas órfãs para doenças que afetam as crianças. Então, propuseram uma recompensa extra: se uma empresa criar uma droga órfã para o mercado pediátrico, não teria apenas os sete anos de exclusividade, mas também receberia um voucher, ou um ticket, que permitiria que ela fosse a primeira na fila para conseguir a aprovação do FDA para seu próximo remédio. Esse voucher é muito valioso, já que a fila de espera para a aprovação de um novo remédio é muito longa. Além disso, esses vouchers poderiam ser vendidos. Então, se uma empresa criar uma droga órfã para uma doença rara que afeta crianças, poderia usar o ticket para si própria ou vender para outra empresa que queira furar a fila da aprovação. Grandes indústrias farmacêuticas pagariam milhões por esse privilégio, o que significaria um grande lucro para a empresa que vendesse o voucher. Esse é um exemplo ótimo de como utilizar recompensas para estimular a resolução criativa de problemas.

Em outros casos, o FDA tem regras que aparentemente querem inibir a inovação. Uma pessoa que abraçou o desafio de tentar aprimorar a inovação médica nos Estados Unidos ao mudar essas políticas foi Josh Makower. Josh é físico, engenheiro, empreendedor e abriu vários negócios de tecnologia médica. Josh se preocupa com a situação do FDA, que, para ele, pode ameaçar seriamente a evolução da próxima geração de equipamentos médicos como *stents*, articulações artificiais e implantes que podem ajudar em casos de doenças diversas, como enxaquecas ou cólicas menstruais.

Atualmente, existem muitas restrições em relação a testes e adoção de novos instrumentos. Por exemplo, devido a preocupações com conflito de interesses, o FDA restringe significativamente a atuação de físicos que poderiam testar invenções médicas tecnológicas. Além disso, os oficiais do FDA que to-

É POSSÍVEL MUDAR AS REGRAS E AS RECOMPENSAS PARA INSPIRAR MAIS CRIATIVIDADE.

mam decisões sobre quais instrumentos são aprovados não recebem recompensas para aprovar inovações bem-sucedidas, mas se arriscam a receber uma punição se o instrumento que aprovarem apresentar algum problema mais tarde. Como resultado, os oficiais do FDA estão mais propensos a negar aprovações de inovações e a maior parte da nova tecnologia médica que surge nos Estados Unidos é lançada internacionalmente muito antes de estar disponível nos Estados Unidos.

Muitos inventores de tecnologia médica, como Josh Makower, trabalham duro para incentivar o FDA a alcançar um equilíbrio entre a segurança e a inovação, para que o caminho até o mercado seja mais fácil aos novos produtos de tecnologia. Recentemente, Josh tem passado bastante tempo conversando com os líderes do FDA e no Congresso, incentivando-os a mudar as regras e recompensas relacionadas à regulação da tecnologia médica.

Em muitos lugares, as regras existem para melhorar a performance, mas às vezes podem inibir a inovação. Um bom exemplo foi demonstrado no programa de rádio *This American Life*, apresentado por Ira Glass. Em um episódio de 2004, Ira Glass acompanha uma professora do ensino fundamental em Chicago, Cathy La Luz, durante dez anos.[52] Ela era a professora mais inspiradora que Ira tinha visto quando cobria a área de educação para a rádio pública de Chicago, em 1993. Ela amava seus alunos e eles a adoravam. Porém, dez anos mais tarde, ela queria desistir. Ira voltou à escola para ver o que tinha acontecido. Ele comparou a escola de 1994 com a de 2004. As diferenças eram chocantes.

Em 1994, a escola Washington Irving era modelo. Não tinha muito dinheiro, mas seus administradores tinham planejamento. Queriam que as crianças viessem à escola e que aprendessem com diversão. Para isso, davam aos professores muita autonomia e controle sobre as classes. Professores como Cathy La Luz tinham a chance de serem criativos para ajudar os alunos a aprender a ler e a escrever. Faziam reuniões frequentes com cada pai de aluno. Assim, construíam laços fortes com as crianças. Os alunos e os professores eram felizes com a liberdade que tinham de experimentar e aprender juntos. Os estudantes queriam muito aprender e iam para a escola felizes.

Porém, em um período de nove meses, dez anos depois, essa estratégia bem-sucedida tinha ido por água abaixo. Um novo diretor chegou à escola e começou a instituir regras a fim de aumentar a receita, mas que, na verdade, destruíram o ambiente criativo que motivava alunos e professores. De acordo com as novas regras, os professores tinham de elaborar planos de aula detalhados para cada dia e escrever os objetivos específicos no quadro antes de cada aula, repleto de referências para diretrizes de uma grade específica. O ambiente positivo da escola entrou em colapso com o peso de todos esses limites e critérios. E excelentes professores, como Cathy La Luz, choravam ao discutir sobre sua saída da área da educação.

Situações como essa são muito comuns. Muitas regras são feitas com o objetivo de melhorar a performance, mas, na verdade, ocasionam o oposto. Normalmente são controladoras e bloqueiam a criatividade. Assim, você precisa estar bem consciente das consequências de cada regra que estabelece. Somos tão sensíveis a elas que até pequenas mudanças têm um grande impacto no nosso comportamento.

Considere todo o processo de entrar na faculdade. Os alunos sabem exatamente quais cursos querem fazer e moldam a vida em torno dessas expectativas. Nos Estados Unidos, os estudantes sabem que as escolas analisam suas notas e padronizam a pontuação nos testes, esperando, ainda, que eles tenham uma longa lista de atividades extracurriculares. As-

ENCONTRE SUA CRIATIVIDADE

sim, os alunos passam anos criando um portfólio de atividades e estudam para provas para alcançar o perfil de candidato perfeito. Muitos alunos até contratam tutores para ajudá-los a desenhar um plano para vendê-los para as escolas.

Olhando pelo lado bom, as universidades e faculdades têm suas próprias pontuações. Elas ficam com melhor posição no ranking se muitos alunos tentarem ingressar nelas, se aceitarem uma pequena porcentagem desses alunos e se uma grande porcentagem desses admitidos aceitar a proposta. Esse é o ponto positivo. Assim, faculdades e universidade vendem seu peixe tentando conseguir o maior número de candidatos. Como resultado, mais alunos tentam entrar, as chances de conseguir diminuem e eles são levados a buscar outras faculdades. Os participantes conhecem as regras e recompensas, e mudam seu comportamento para maximizar o que é medido.

Em outros países, o processo para entrar no ensino superior é bem diferente e os alunos respondem de acordo. Por exemplo, no Chile, os alunos fazem uma prova aplicada somente um dia por ano. Essa nota é o único fator para avaliar os estudantes. Todos os alunos que fazem a prova são ranqueados de acordo com as notas e escolhem a faculdade que querem fazer, tendo vantagem aqueles que obtiveram as melhores pontuações. Os estudantes, então, focam somente nessa prova, já que é a única variável que importa, e uma nota alta dá a eles a chance de escolher em que faculdade estudarão.

Em todos os ambientes, você ganha algo em troca. Como o reitor da Escola de Engenharia de Stanford, Jim Plummer, diz: "Gerenciar uma universidade é como cuidar de gatos, e parte do meu trabalho é mudar a ração dos gatos de lugar para dar apoio ao nosso planejamento estratégico". Ele determina os incentivos para encorajar a academia a se engajar em atividades que apoiem objetivos maiores para a universidade, em vez de somente buscarem objetivos individuais. Por exemplo, é importante que a academia se reinvente sempre, ao lançar novas iniciativas de pesquisa. Uma das maneiras usadas pelo reitor Plummer para incentivar os professores é oferecer um financiamento inicial para aqueles que querem explorar áreas ainda não pesquisadas. Esse incentivo resulta em novas iniciativas, muitas das quais não teriam acontecido não fosse por esse benefício.

Se você quer que as pessoas sejam criativas, então precisa desenvolver um ambiente onde os incentivos estejam alinhados com esse objetivo. Se quiser que as equipes tenham novas ideias, então precisa dar a elas o feedback que demonstre que a criatividade é valiosa. Se quer que a organização vá além das respostas óbvias, precisa entender que toda vida é um jogo e deve desenvolver as regras que recompensem soluções criativas para objetivos em curto e em longo prazo.

8. COBERTURA DE MARSHMALLOW

Se você planeja escalar até o topo do Monte Everest, vai descobrir que existe uma fórmula para esse tipo de expedição. Para isso, há um mês de preparação, em que uma grande equipe monta vários acampamentos pelo caminho até o topo da montanha. Eles fazem várias subidas, cada vez mais altas, para montar os acampamentos, depois voltam e, devagar, vão se adaptando à altitude. Na base da montanha, o acampamento tem quatro toneladas de equipamentos, incluindo barracas, sacos de dormir, comida, oxigênio e combustível. Outros três acampamentos, um mais próximo do topo que o outro, têm menos equipamentos. O quarto e último acampamento é para uma estadia curta, feito para os mais preparados para a escalada final até o topo da montanha. Na maior parte dos casos, a equipe toda consiste em cerca de dez alpinistas e cinco xerpas treinados que carregam grande parte do equipamento. Depois de montados todos os acampamentos, somente alguns alpinistas e um ou dois xerpas sobem até o topo da montanha, mas o sucesso é compartilhado com toda a equipe. Esse processo se repetiu centenas de vezes por montanhistas do mundo todo e é a base para expedições em qualquer tipo de ambiente extremo.

Mas existe um jeito diferente de se fazer isso? Essa foi a pergunta feita por Rodrigo Jordan, o primeiro latino-americano a chegar ao topo do Everest. Alpinista experiente, Rodrigo estava liderando uma expedição ao topo do Monte Lhotse, que fica ao lado do Everest. Essa montanha tem 8.516 metros de altura, somente algumas centenas de metros a menos do que seu vizinho, o Monte Everest, que tem 8.848 metros de altura. Quando ele e sua equipe terminaram de preparar todos os acampamentos para a tentativa de alcançar ao topo, depararam-se com um dilema: quem seria escolhido para chegar ao topo?

Normalmente, a resposta para essa pergunta é óbvia. Os alpinistas mais fortes têm a oportunidade de subir até o topo. Mas Rodrigo tinha a palavra do médico da equipe de que todos os alpinistas e todos os xerpas estavam em condições de tentar. Além disso, todos queriam muito chegar até o topo. Na equipe, havia pessoas que já tinham escalado até o topo do Everest e outros que estavam escalando no Himalaia pela primeira vez. Alguns deles provavelmente não escalariam novamente e outros até teriam outra oportunidade. O fato de que todos tinham vontade de ir até o topo e condições para isso era bastante incomum.

Como líder, cabia a Rodrigo decidir quem iria. Ele tomou uma decisão – nunca antes tomada por ele e raramente por aqueles que lideram expedições extremas. Ele convocou o grupo e perguntou a opinião deles. Quem eles achavam que deveria ter a chance de subir ao topo? Depois de um longo debate, em que pesaram os prós e contras para cada alpinista, um dos integrantes mais novos da equipe, Eugenio Guzmán, conhecido como Kiko, teve uma ideia ousada. Ele sugeriu que todos subissem. Era uma sugestão radical. Como a escalada até o topo é muito perigosa, cada pessoa a mais na subida era um risco extra para o grupo todo. Rodrigo sabia bem disso. Uma vez, escalou o Monte Everest e perdeu um grande amigo na subida. Mas ele estava disposto a ouvir.

Depois de discutir como isso funcionaria do ponto de vista logístico, Rodrigo tomou a decisão ousada de dar aos quinze alpinistas e xerpas a oportunidade de subir ao topo. Uma equipe iria em um dia e a segunda no dia seguinte. Apesar de estar confiante em sua decisão, depois que a primeira equipe che-

É PRECISO ENTENDER AS PESSOAS DA SUA EQUIPE ANTES DE PREVER COMO ELAS SE COMPORTARÃO SOB CERTAS CIRCUNSTÂNCIAS.

gou ao topo, Rodrigo começou a se questionar. Ele poderia simplesmente abortar a segunda escalada e, mesmo assim, sair vitorioso na missão. Rodrigo analisou novamente a situação e decidiu seguir com o plano. Ele esperou no último acampamento até que a segunda equipe chegasse com segurança ao topo e começasse a descer novamente.

Rodrigo é um grande líder, pois sempre pensa em toda a equipe e analisa como cada um contribui para o sucesso do grupo, incluindo os alpinistas e xerpas que costumam ser vistos como equipe de apoio para montanhistas que vêm do mundo todo. O fato de conseguir tirar o melhor de suas equipes, como participante ou líder, resulta em mais moral, além de aumentar tanto a produtividade como a criatividade. Mas é muito mais fácil falar disso do que, de fato, fazer isso.

Em todo grupo, cada um tem uma perspectiva, estilos de trabalhar e objetivos diferentes. Além disso, sempre pensamos que sabemos o que queremos dos integrantes da equipe, até que nos deparamos com uma situação desafiadora e percebemos que o temperamento e as habilidades necessárias são bem diferentes daquelas que são valorizadas em tempos de calmaria. Rodrigo Jordan pediu a um psicólogo que fizesse uma análise de sua equipe de escalada antes e depois da subida ao Monte Lhotse. Para sua surpresa, a lista de alpinistas que inspiravam mais confiança antes da escalada era bem diferente da lista após a subida. Esse é um poderoso lembrete de que você precisa entender completamente as pessoas da sua equipe antes de prever como elas se comportarão sob certas circunstâncias.

Como não tenho tempo nem recursos para levar meus alunos para o Himalaia e testar sua dinâmica de grupo sob extrema pressão, tive de encontrar uma alternativa para demonstrar a importância do trabalho em grupo com uma equipe eficiente. Felizmente, existe um jogo de computador desenvolvido pela Harvard Business School que simula a escalada ao topo do Monte Everest. São cinco pessoas em cada equipe e seu objetivo é escalar até o topo da montanha, alcançando cinco acampamentos diferentes, ou pontos de referência, pelo caminho. Cada equipe nessa simulação é composta por um líder, um médico, um fotógrafo, um ambientalista e um corredor de maratona.

Em cada ponto de referência no caminho para o topo do Monte Everest, os participantes precisam avaliar variáveis importantes, como saúde, previsão do tempo e a quantidade de mantimentos disponível. Eles também se deparam com alguns desafios inesperados, como dificuldades com o clima e emergências médicas. Muitas decisões precisam ser tomadas em cada fase, incluindo como distribuir os recursos limitados e decidir se alguns jogadores devem ser deixados para trás quando estão tendo dificuldades de acompanhar o grupo. Além disso, como em nossa vida cotidiana, cada jogador tem objetivos pessoais e alguns deles entram em conflito com a missão geral da equipe para alcançar o topo.

A simulação do Everest acontece em um período de sessenta minutos e a hora seguinte é dedicada a discutir o que aconteceu. Esse exercício intenso desvenda uma ampla gama de questões que equipes enfrentam quando estão diante de uma tarefa desafiadora, objetivos conflitantes e eventos inesperados no caminho. No final do jogo, torna-se claro que as equipes que compartilharam toda a informação que tinham, revelaram seus interesses comuns e os conflitantes e se comunicaram de forma mais eficiente tiveram muito mais sucesso. Também reforça o fato de que o trabalho em equipe é difícil, principalmente em tarefas estressantes. Apesar dos benefícios de haver mais pessoas enfrentando o desafio, é difícil que todos sigam a mesma linha de pensamento e, literalmente, caminhem na direção certa.

Existem muitas ferramentas eficazes para preparar as pessoas para trabalhar em equipes criativas. Uma das minhas preferidas é chamada de "Seis Chapéus do Pensamento", desenvolvida por Edward de Bono, inventor renomado do conceito "Pensamento lateral". Esse modelo descreve seis papéis diferentes que temos em equipes e mostra os benefícios de cada um[53]. Eu introduzi esse modelo no início das minhas aulas de criatividade porque dá aos alunos uma ferramenta concreta na qual podem se basear durante o resto do curso e para o resto da vida.

No modelo de Bono, existem seis papéis diferentes que representamos em equipes, e cada um é identificado por uma cor. A maioria das pessoas tem uma cor dominante, com mais uma ou duas que acompanham:

→ chapéu *branco*: para pessoas levadas pelos fatos e pela lógica;

→ chapéu *verde*: para quem se sente mais confortável dando novas ideias;

→ chapéu *vermelho*: para aqueles que usam a intuição para tomar decisões;

→ chapéu *azul*: para os organizados e orientados por processos;

→ chapéu *preto*: para o "advogado do diabo", que diz o que não vai dar certo; e

→ chapéu *amarelo*: para quem quer agradar a todos.

Para demonstrar o valor desse modelo, peço aos meus alunos que façam um pequeno "teste" para determinar qual é seu estilo dominante. Mesmo sem o teste, a maioria das pessoas já sabe que chapéu costuma usar. Peço aos alunos que venham à aula usando uma camiseta que seja da cor do chapéu que combina com eles, para que possam facilmente perceber que, coletivamente, representam todo o espectro de estilos de trabalho. Eu os coloco em seis equipes, combinando diferentes estilos dominantes de trabalho. Cada aluno recebe um chapéu com seis fitas destacáveis, uma para cada cor. Durante a aula de duas horas, os alunos pregam uma ou outra fita ao chapéu para representar que papel estão desempenhando naquele momento.

As equipes recebem um desafio para resolver, e cada pessoa tem a chance de tentar representar papéis diferentes conforme discutem as possíveis soluções. Começamos com todos usando a mesma cor, iniciando pelo branco, depois verde, azul e assim por diante. Mais para a frente, os alunos podem mudar as cores conforme sua preferência, experimentando aquelas que os deixam mais confortáveis e aquelas que os fazem se sentir mais estranhos. Eles ganham um vocabulário compartilhado sobre os papéis que representam nas equipes e percebem que podem mudar esses papéis tão facilmente quanto mudaram as fitas coloridas em seus chapéus.

O modelo dos Seis Chapéus fornece um vocabulário útil para todos os tipos de trabalho em grupo. Por exemplo, uma equipe pode explicitamente decidir, em uma sessão de brainstorming, que todos devem usar seus chapéus verdes para gerar ideias. Isso é especialmente importante para aqueles que normalmente não usam o chapéu verde e ficam mais confortáveis analisando ideias depois que elas são geradas. Mais tarde, você pode explicitamente estabelecer que todos usarão o chapéu azul para planejar os próximos passos do projeto. E durante uma sessão de gerenciamento de risco, todos são convidados a usar o chapéu preto para ver o que pode dar errado.

Seria ótimo se eu tivesse conhecido essa ferramenta antes, porque sempre caía na armadilha de achar que todos pensavam e viam o mundo como eu. Era sempre uma surpresa, e, às vezes, uma decepção, trabalhar com pessoas que veem os problemas por outro ponto de vista e por meio de um processo diferente. Eu não entendia suas perspectivas e sentia que eles não me entendiam. Eu quase sempre uso um chapéu verde, com o azul e o amarelo acompanhando. Como resultado, tive que aprender a trabalhar com aqueles que naturalmente usam o chapéu vermelho ou preto, os menos confortáveis para mim, e a aceitar esses chapéus quando fosse necessário. Em meu trabalho como professora e colega, também considero que esta seja uma ferramenta valiosa. Conhecendo cada chapéu que as pessoas naturalmente utilizam, entendi melhor por que elas agem de tal forma e respondem de acordo com ela.

Tenho usado o modelo dos Seis Chapéus há muitos anos e percebi com o tempo que alunos e profissionais de diferentes áreas tendem a usar chapéus específicos. Pode ser que as pessoas sejam levadas a áreas em que sua abordagem seja mais apreciada ou que a disciplina reforce um estilo de trabalho específico. Por exemplo, estudantes de engenharia elétrica tendem a usar o chapéu branco e, assim, são mais ligados a manipular dados. Na escola de negócios, a maioria usa chapéu azul e sente-se confortável gerenciando projetos e processos. E nos departamentos de arte e literatura existe a dominância dos chapéus vermelhos, em que os alunos ficam confortáveis usando seus sentimentos conforme criam trabalhos. Esse é outro motivo pelo qual é proveitoso ter pessoas de várias disciplinas para gerar ideias. Elas trazem não só conhecimentos diferentes, mas também distintas abordagens e estilos de trabalho.

Não importa o quão preparado você esteja, quase todas as equipes se deparam com desafios, num momento ou outro. Na d.school, de Stanford, há um psicólogo na equipe cuja função é auxiliar com as dinâmicas de grupo para evitar dificuldades comuns e ajudar a resolver problemas quando eles surgem. Conhecido como terapeuta.d, Julian Gorodsky dá aulas sobre trabalho em grupo e treina as equipes quando elas se deparam com bloqueios enquanto enfrentam problemas com múltiplas soluções possíveis. Julian e sua equipe desenvolvem e testam ferramentas de comunicação em equipe, como um checklist a ser preenchido que ajuda na avaliação e em melhorias nos relacionamentos de trabalho. Os diferentes grupos que usam essas ferramentas passam a se relacionar muito melhor depois e também se tornam mais criativos. Eis alguns exemplos das perguntas no checklist de Julian:

→ Você dedica algum tempo para refletir e avaliar o processo da sua equipe?
→ Você permanece junto quando a equipe está sob pressão?
→ Você divide o trabalho em partes relativamente iguais?
→ Você se responsabiliza pelos problemas em vez de culpar os outros?
→ Você respeita as diferenças pessoais e profissionais?

Existe uma ampla literatura sobre dinâmicas de grupo que compara o resultado de diferentes tipos de equipe. Com esse trabalho, fica claro que cada tipo de equipe é adequado para determinada tarefa. Em um artigo da *New Yorker*, Malcolm Gladwell descreve uma experiência fascinante desenvolvida para ver que tipos de equipe são mais criativos[54]. Ele fala sobre a forma como Steve Gundrum, um cientista de alimentos, reúne três equipes bem distintas que trabalharam juntas por seis meses com o objetivo de inventar um novo biscoito que fosse saudável e, ao mesmo tempo, delicioso. A primeira equipe era uma parceria entre dois especialistas. A segunda era grande e hierárquica, gerenciada por um líder. A terceira era composta de vários especialistas e chamada de "equipe dos sonhos". A última equipe era baseada no modelo de *open source* software, em que grandes grupos de especialistas constroem com base nas ideias uns dos outros. Então, havia grandes expectativas em relação ao que a "equipe dos sonhos" criaria.

O biscoito vencedor foi criado pela segunda equipe, gerenciada por um líder. O que aconteceu foi que, mesmo que a "equipe dos sonhos" tivesse uma ampla gama de ideias, havia tanto conflito entre os participantes que a experiência foi estressante para todos os envolvidos. É interessante considerar como o resultado teria sido diferente para a "equipe dos sonhos" se eles tivessem tido tempo para falar sobre o processo criativo, pensar sobre os papéis de cada um na equipe e discutir quando deveriam ter trocado de papéis durante o processo.

Esse tipo de experiência, focada em equipes criativas, pode ser feita em um período muito curto de tempo para revelar como os grupos enfrentam um desafio criativo. Uma abordagem bem explorada é o "desafio do marshmallow", no qual as equipes têm dezoito minutos para construir a estrutura mais alta possível que fique em pé com vinte fios de espaguete, um metro de fio, um metro de fita adesiva e um marshmallow. O marshmallow deve ser colocado no topo da estrutura final.

Tom Wujec, um designer inovador que já ganhou vários prêmios, aplicou essa tarefa a várias pessoas no mundo todo, desde crianças até executivos, e viu que esse simples exercício revela falhas consistentes com as quais as equipes se deparam quando aceitam um desafio criativo que não tenha uma resposta certa. Em apenas alguns minutos, fica claro que alguns tipos de equipe estão muito mais aptos para encontrar soluções criativas do que outros.

Recém-formados em escolas de negócios têm o pior desempenho nesse desafio. Como diz Wujec: "Eles lutam. Eles trapaceiam. Eles produzem estruturas fracas". Eles passam tanto tempo planejando e brincando de serem chefes que os resultados são terríveis. Ele descobriu que CEOs experientes realizam um bom trabalho nesse desafio. Porém, se um executivo de operações é adicionado ao time, eles se saem muito melhor. "Parece que as habilidades de facilitador de um executivo operacional fazem uma grande diferença [...] Incentivar o bom uso do tempo, melhorar a comunicação e cruzar ideias aumentam significativamente o desempenho da equipe".[55]

As crianças fazem um trabalho muito bom no desafio do marshmallow. Elas se divertem brincando com os materiais, experimentam diversas abordagens e fazem protótipos até descobrirem as soluções que funcionam melhor. Na verdade, brincar é uma importante variável para o sucesso de equipes criativas. É simples assim: quando você brinca, está se divertindo. Quando se diverte, sente-se melhor consigo mesmo e seu trabalho. E quando você se sente melhor, torna-se muito mais criativo e produz mais. Como diria Brad Bird, da Pixar, que dirigiu Os Incríveis e Ratatouille: "O impacto mais significante no orçamento de um filme – mas que nunca é considerado – é o moral do funcionário. Se você tem o moral baixo, para cada dólar gasto, tem aproximadamente vinte centavos de valor. Se seu moral é alto, para cada dólar, você tem mais de três dólares de valor. As empresas deveriam prestar muito mais atenção ao moral".[56]

Marcial Losada fez muitos estudos sobre o impacto das interações positivas e negativas em dinâmicas de grupo. Ele descobriu que a razão ideal para equipes de alta performance é: cinco interações positivas para cada interação negativa. Isso é conhecido como "razão de Losada". Equipes de alta performance têm uma relação positivo-negativo acima de cinco; em equipes de média performance, essa relação é de dois; e nas de baixa performance, a razão é menor que um.[57]

A brincadeira é uma maneira de criar interações positivas entre as pessoas de uma equipe. Isso não significa que você deva passar o tempo todo fazendo coisas banais. Pelo contrário, significa que o ambiente deve ser descontraído e a experimentação deve ser incentivada. Sou fã da ideia de que quase tudo pode ser transformado em um jogo para que o processo seja divertido. Por exemplo, dou um workshop destinado a demonstrar a gama de culturas em organizações criativas. Poderia fazer isso dando uma palestra sobre o assunto ou pedindo a um grupo de executivos que falem por quinze minutos sobre o que torna suas empresas inovadoras. Mas, em vez disso, uso esse tempo para fazer um game show com vários empresários de empresas inovadoras. A classe é dividida em dois grupos. Faço perguntas aos convidados sobre a cultura em suas respectivas empresas e também sobre contratação, dinâmicas de grupo e ferramentas criativas. Eles podem falar a verdade ou mentir. É aí que a diversão começa. As equipes de alunos estão competindo, decidindo qual resposta é verdadeira e qual é falsa. As respostas são sempre interessantes e surpreendentes. Todos adoram esse jogo e aprendem muito mais nesse ambiente divertido do que se tivessem assistido a uma palestra repleta de fatos sobre o mesmo assunto.

Essa abordagem é apoiada por uma recente pesquisa na área de neurociência, liderada por Mark Beeman, na Universidade Northwestern, que demonstra que as pessoas são mais propensas a resolver problemas complexos quando estão em um ambiente positivo, conforme foi medido pela atividade do córtex cerebral.[58] Em um dos estudos, por exemplo, alunos universitários que assistiram a um vídeo de comédia do Robin Williams estavam muito mais aptos a resolver um jogo de associação de palavras, relacionado à criatividade, do que aqueles que tinham visto um de terror ou algo muito chato antes da atividade.

Já que todo esse trabalho criativo é feito em grupos, isso nos leva a preparar as pessoas a serem ótimas integrantes de

e PARA CRIAR INTERAÇÕES POSITIVAS, O AMBIENTE DEVE SER DESCONTRAÍDO E A EXPERIMENTAÇÃO DEVE SER INCENTIVADA.

equipes. Infelizmente, isso é raramente incorporado no nosso sistema educacional. Recentemente, li um artigo sobre as maneiras como as crianças colam nas provas. Li a terrível lista de transgressões. Na metade da lista, percebi que quase todas as ações proibidas envolviam alguma forma de colaboração. Se quisermos aumentar a criatividade, é hora de incentivar os alunos a ouvir as perspectivas de todos que puderem e a trabalhar em equipes construtivas, em que todos contribuam. Isso significa mudar a experiência em sala de aula e a forma como medimos o sucesso.

As escolas deveriam estar preparando as crianças para serem pensadores criativos e não para memorizarem fatos que podem ser facilmente copiados de outros. Quando isso é avaliado, devemos considerar dar problemas sem uma resposta "certa", fornecendo desafios que exijam trabalho em equipe e permitindo que os alunos usem as ferramentas que quiserem para resolver o problema. Os alunos deveriam sair de todas as provas se sentindo confiantes de que puderam solucionar outros desafios e não sentindo que devem "colar" para encontrar soluções para os problemas que possam surgir em seus caminhos.

Aqueles com habilidades de colaboração, incluindo atletas e músicos que precisam trabalhar em equipe, sabem como liderar, quando seguir e quando e como sacrificar seus próprios objetivos para um bem maior. Para a maioria de nós, essa noção chega bem tarde, quando somos colocados em uma situação em que a colaboração é exigida e estamos totalmente despreparados. Muitas pessoas nunca desenvolvem essas habilidades completamente.

O trabalho em equipe é extremamente importante quando você está construindo organizações que pregam pela inovação. Você precisa de um grupo composto de pessoas que tragam

COBERTURA DE MARSHMALLOW

diferentes perspectivas, que respeitem os diferentes estilos de trabalho e que resolvam conflitos pelo caminho. Grandes equipes também têm uma dose saudável de brincadeiras e fornecem um feedback positivo. Ambientes com equipes eficazes conseguem desenvolver todos os outros fatores do ambiente que aprimoram a criatividade do grupo.

9.
MOVA-SE
RAPIDAMENTE
E QUEBRE
AS COISAS

Thomas Edison experimentou milhares de materiais diferentes para iluminar uma lâmpada antes de encontrar um que desse certo. Sua frase ficou famosa: "Não falhei. Só encontrei dez mil maneiras que não dão certo". Ele sabia que cada derrota revelava uma verdade sobre o mundo e que os resultados inesperados costumam ser mais interessantes porque desvendam novas – e, às vezes, pioneiras – descobertas. Observações inesperadas levaram a muitas descobertas importantes, como a radioatividade, a penicilina e a radiação do corpo negro no universo. Max Planck, famoso físico, disse: "Uma experiência é uma questão que a ciência coloca para a natureza, e uma medida é um registro da resposta da natureza".

A criatividade é como a pesquisa científica no sentido que envolve coisas que nunca foram feitas antes. Assim, iniciativas criativas são, essencialmente, experiências. Se forem únicas, você não tem ideia do que vai acontecer. A boa notícia é que você já tem muita experiência com isso. Sua vida inteira é uma grande experiência, desde o momento em que você é concebido, quando duas células únicas se unem para dar origem a um ser, até hoje, quando você pode desenhar todos os momentos do seu dia. Desde bebês, fazemos experiências para testar como funciona o mundo ao nosso redor. Naturalmente, descobrimos o que acontece quando choramos ou rimos. Aprender a andar e falar requer uma longa série de experimentos de tentativa e erro. Conforme ficamos mais velhos, fazemos experiências parecidas descobrindo como ler e escrever ou quando falar e escutar. Ninguém tem um roteiro pronto para a vida. Todos os dias são repletos de infinitas oportunidades para tentar algo novo e ver no que dá. Cada experiência – funcionando como o esperado ou não – fornece informações importantes no caminho para as ideias inovadoras.

A experimentação é tanto um estado de espírito pessoal quanto um valor em todas as organizações e comunidades. Pessoas que querem aumentar sua criatividade precisam estar abertas a tentar coisas que nunca tentaram antes, mesmo que os resultados sejam incertos. Além disso, organizações que querem ser mais inovadoras precisam apoiar a experimentação e deixar claro que as pessoas não serão penalizadas por experiências que não funcionarem conforme o esperado. Como resultado, a experimentação é relevante na Máquina da Inovação em dois locais: atitude e cultura. Cada comunidade deve ser pensada para incentivar a experimentação e cada pessoa precisa sentir-se livre para experimentar.

Infelizmente, nossa tendência natural de experimentar não costuma ser apoiada ou incentivada pelas técnicas tradicionais de ensino e nos ambientes de trabalho, em que professores dão aulas e gerentes ditam o que os funcionários devem fazer. De acordo com recente estudo de Laura Schulz, no Instituto de Tecnologia de Massachusetts (MIT), dar às pessoas fatos e orientações específicas, em vez de permitir que elas descubram as informações por si só, não somente inibe sua experimentação natural como também diminui sua curiosidade. Segue um pequeno trecho de um artigo de Jonah Lehrer sobre essa pesquisa:

Esta pesquisa consistia em dar a crianças de quatro anos um novo brinquedo feito com quatro tubos. O brinquedo era interessante porque cada tubo tinha uma função diferente. Um deles, por exemplo, gerava um som agudo, enquanto o outro se transformava em um pequeno espelho. O primeiro grupo de alunos recebeu o brinquedo de uma cientista que declarou tê-lo encontrado no chão. Depois, conforme mostrava o brinquedo para as crianças, ela "acidentalmente" puxou um dos tubos, que gerou um som agudo. Sua resposta foi de pura surpresa: "Ah! Vocês viram isso? Vou tentar novamente!". O segundo grupo, ao contrário, recebeu o brinquedo com outra apresentação. Em vez de simular surpresa, a cientista agiu como uma típica professora. Ela contou aos alunos que tinha ganhado um novo brinquedo e queria mostrar a eles como funcionava. Então, ela deliberadamente fez o som agudo sair.

Depois da demonstração, ambos os grupos de crianças ficaram com os brinquedos. Como era de se esperar, todas as crianças puxaram o primeiro tubo e riram com o som agudo. Porém, uma coisa interessante aconteceu: enquanto as crianças do segundo grupo rapidamente se cansaram do brinquedo, as do primeiro continuaram brincando com ele. Em vez de se satisfazerem com o som agudo, exploraram os outros tubos e descobriram vários tipos de surpresa escondidos. De acordo com psicólogos, as diferentes reações foram causadas pelo ato da instrução. Quando os alunos recebem instruções explícitas, quando contam a eles tudo o que precisam saber, é menos provável que explorem por conta própria. A curiosidade é muito frágil.[59]

É importante lembrar que fazemos experiências diariamente quando realizamos tarefas simples, como nos apresentar para alguém ou tentar cozinhar um novo prato. Como resultado, temos muitas oportunidades para praticar respondendo a resultados inesperados e aprendendo com cada um deles. Cientistas treinados sabem muito bem disso e, assim, fazem seu melhor para desenvolver experiências que respondam a alguma questão importante, não importam os resultados específicos. Eles sabem que cada experiência traz dicas interessantes ao caminho do entendimento. Como diz o ditado: "Ser gênio é ter a habilidade de cometer mais erros no menor período de tempo". Cada erro fornece dados experimentais e uma oportunidade para aprender algo novo. Como os cientistas, precisamos parar de ver os resultados inesperados como derrotas. Mudando nosso vocabulário, enxergando as "derrotas" como "dados", aprimoramos a vontade de todos de experimentar. Essa é uma grande ideia.

Inovações bem-sucedidas resultam de tentar várias abordagens para resolver um problema específico e manter o que funciona. Isso necessariamente resulta em um grande número de resultados inesperados e ideias descartadas. Se você não estiver descartando uma grande porcentagem de suas ideias, então não está tentando as opções suficientes. Considere o fato de que somente uma pequena porcentagem das aproximadamente duzentas mil patentes que são enviadas a cada ano nos Estados Unidos tem sucesso comercial. De acordo com Richard Maulsby, do escritório de marcas e patentes dos Estados Unidos: "Há um milhão e meio de patentes no país, e, destas, talvez três mil sejam comercialmente viáveis".[60] Porém, isso ainda não significa que existam três mil produtos bem-sucedidos. Sem um ambiente que apoie o desenvolvimento daqueles que não obtiveram sucesso, as inovações viáveis provavelmente não veriam a luz do dia. O empreendedor e famoso investidor Vinod Khosla diz que sua empresa, Khosla Ventures, investe em projetos que tenham 90% de chances de falir. A probabilidade de sucesso desses projetos é muito baixa, mas, se a tecnologia funcionar, literalmente mudam o mundo. Ele quer absorver o custo de nove falências em troca de uma grande vitória.[61]

Qualquer inventor ou empreendedor bem-sucedido pode contar histórias sobre resultados surpreendentes e caminhos

ENCONTRE SUA CRIATIVIDADE

abandonados que o levaram aos seus maiores sucessos. Kevin Systrom e Mike Krieger começaram sua empresa, Burbn, com um aplicativo de iPhone que permitia que o usuário compartilhasse sua localização com os amigos. O produto inicial não obteve tanto sucesso quanto esperavam, então continuaram incrementando-o para ver se algum aprimoramento aumentaria a popularidade do produto. Um de seus experimentos incluía a possibilidade de tirar fotos, editá-las de maneira rápida e postá-las instantaneamente para que os outros vissem. Esse incremento fez muito sucesso. Como resultado, Kevin e Mike decidiram descartar o primeiro produto e focar inteiramente no compartilhamento de fotos, lançando o Instagram.

O Instagram, que permite que usuários tirem fotos com seus celulares, façam uma edição rápida e criativa e postem as fotos para que o mundo as veja, viu suas centenas de usuários tornarem-se milhões em apenas dois meses. Doze meses depois, são doze milhões de usuários cadastrados. Kevin e Mike estão aprimorando sua plataforma para melhorar sua funcionalidade e expandir seu alcance para o mundo.*

Kevin e Mike nunca teriam obtido sucesso se não tivessem experimentado e aprendido com todos os resultados surpreendentes pelo caminho. É claro, eles não queriam que seu experimento desse errado. Mas aquelas derrotas eram parte importante do processo de aprendizado. Kevin admite que foi muito difícil jogar fora as partes do produto que não atraíram os consumidores, já que tinham trabalhado muito para desenvolvê-las. Porém, entenderam cada tentativa como um fertilizante para o próximo experimento.

Isso não acontece só com empreitadas tecnológicas. Na verdade, é uma abordagem que serve para todos e alimenta

---

* Em abril de 2012, o Facebook comprou o Instagram, que contava com trinta milhões de usuários cadastrados. [N.T.]

o processo criativo. Um ótimo exemplo do mundo das artes é dos autores Dave Barry e Ridley Pearson, que escreveram *Peter e os catadores de estrelas* [Editora Cia. das Letras, 2006]. O livro conta a história de como o personagem imaginário, Peter Pan, torna-se o menino que não cresce. A obra virou um musical e tornou-se hit em Nova York. Enquanto produziam o show, fizeram um experimento de um mês, no qual mudavam o roteiro e o cenário todas as noites. Cada espetáculo era uma produção mais simples, sem figurino, efeitos especiais ou suportes, o que permitia que eles experimentassem rapidamente, com muitas abordagens diferentes, até que o melhor de todos finalmente surgiu.*

Escrever este livro, na verdade, exigiu a mesma abordagem. A cada três parágrafos escritos, eu certamente deletava dois e testava novas ideias e abordagens o tempo todo. Descartei muitas histórias que não se encaixaram e ideias que não deram certo. Desenvolvi a Máquina da Inovação de dezenas de formas antes de encontrar a certa. E enviei sete versões diferentes das duas primeiras páginas do livro ao meu editor, com a esperança de encontrar uma que desse certo. Sim, era difícil eliminar as palavras que tinha passado tanto tempo escrevendo para começar do zero. Porém, eu sabia que esse processo editorial torna o resultado final muito melhor e é a chave de qualquer processo. Como diria o estimado autor William Faulkner: "Na escrita, você deve eliminar seus favoritos".

Isso deveria soar familiar. É semelhante à descrição da evolução de Darwin, segundo a qual a natureza desenvolve um grande número de experiências e mantém só o que dá certo. Animais e plantas existem desde sempre, com várias

---

* Ouvi essa história no Festival Carmel Authors and Ideas, em 2011, quando Dave Barry e Ridley Pearson falaram sobre fazer uma peça baseada em seu livro *Peter e os catadores de estrelas*.

mutações. Cada mutação é um experimento da natureza. Se for benéfica, o resultado se repete em gerações futuras. Se não for, então foi só mais uma experiência que deu errado. Tudo o que você deve fazer é olhar ao redor e ver todas as plantas e os animais maravilhosos que são resultado das experiências da natureza.

Algumas escolas adotaram uma abordagem que permite aos alunos aprenderem por meio da experimentação. Um exemplo é a escola Tinkering, gerenciada por Gever Tulley. A escola tem um programa em que estudantes de oito a dezessete anos aprendem a construir coisas "brincando". Todas as atividades são manuais e os alunos são convidados a terem "ideias malucas, noções loucas e imaginação intuitiva". Elas aprendem a descobrir as coisas por meio da experimentação, percebem que a maioria das coisas não é como elas esperavam e que as derrotas podem ser analisadas para determinar o que pode ser feito da próxima vez.[62]

Essa abordagem não se limita a crianças e adolescentes. Na Olin College, todas as aulas são dadas por meio da experimentação. Essa nova escola de engenharia usa o aprendizado experimental para todas as matérias. Em vez de palestras, os alunos vão ao laboratório descobrir os materiais por conta própria e construir estruturas aplicando os princípios em estudo. Por exemplo, em recente visita à Olin College, vi os alunos desenvolvendo e construindo monitores não invasivos para monitorar a saturação de oxigênio no sangue. Os equipamentos que construíam, sem instruções, eram parecidos aos oxímetros usados em salas de cirurgia do mundo todo. Isso não só é mais estimulante do que a tradicional aula de laboratório, em que os alunos basicamente seguem as receitas, mas também faz com que os alunos tenham confiança de que podem criar seus próprios experimentos, aprender com as derrotas inevitáveis e desenhar soluções criativas para problemas que vão enfrentar no futuro.

Grandes inventores gostam de resultados inesperados. Mir Imran, cujas histórias e invenções médicas bem-sucedidas foram descritas neste livro, diz: "O fracasso é um companheiro constante e o sucesso é um visitante ocasional". Mir gosta do fracasso porque ele o ensina algo importante sobre o caminho que leva a uma ideia inovadora. Ele acredita que cabe a cada um de nós explorar nossos fracassos em busca de informações valiosas. O fracasso e o sucesso estão interligados e, para ele, todo fracasso leva a uma série de sucessos, e todo sucesso leva a uma série de fracassos.[63] A chave é ver o processo de tentativa e erro no caminho para o sucesso como uma série de experiências. Se você analisar seus fracassos sob esse enfoque, eles ganham novo significado. Isso é fato em todas as atividades da vida, grandes ou pequenas.

Como a experimentação inevitavelmente resulta em descobertas inesperadas, ela pode ser considerada arriscada. Para dar às pessoas a chance de experimentar tanto com a possibilidade de riscos como com o fracasso, minha colega Leticia Britos e eu criamos um workshop chamado "Feira do Fracasso". A sala é decorada em clima de carnaval, com balões e cabines que os convidados podem visitar. Uma cabine foca os riscos intelectuais; a outra, os riscos financeiros; uma terceira, os riscos emocionais e a quarta, os riscos físicos. Também damos aos participantes um "riscômetro", utilizado para medir seu nível de conforto ao correr esses diferentes tipos de risco. O objetivo é que cada participante tenha a chance de pensar sobre os diferentes riscos que existem e refletir sobre o sentimento de fracassar.

Na cabine do risco intelectual, os participantes recebem jogos que estimulam o pensamento lateral. Eles podem trabalhar neles individualmente ou em grupo. Esses jogos têm soluções não óbvias que requerem fugir dos cálculos tradicionais. Os participantes são desafiados a ir além de suas tendências naturais de olhar as respostas para descobrir as soluções por conta própria. Seguem alguns exemplos de perguntas, e as respostas estão nas notas. Quanto tempo você vai passar tentando resolver estes desafios?

1. O que pode ser visto no meio de março e abril que não pode ser visto no começo ou fim de nenhum dos dois meses?

2. Dois homens estão perdidos na floresta. Um deles começa a andar para o norte e o outro vai para o sul. Depois de quinze minutos, eles se encontram. Como isso aconteceu?

3. Duas irmãs deram à luz bebês com apenas uma hora de diferença. Um nasceu à noite e o outro de manhã. Como isso é possível?

4. Há seis ovos na cesta. Em um grupo de seis pessoas, cada uma pega um ovo. Como pode ser que um ovo ainda esteja na cesta?*

Na cabine de risco financeiro, os participantes entram em um jogo de apostas, desenvolvido por Leticia, que os forçam cada vez mais ao risco de perder cinco dólares. A cada rodada, a recompensa aumenta, mas a probabilidade de vencer diminui. Algumas pessoas querem arriscar todo o seu dinheiro por

---

* Respostas às perguntas de Heather Dickson, ed., Brain-Boosting Lateral Thinking Puzzles (Lagoon, 2000):
1. A letra r.
2. Os dois homens não foram juntos, mas se encontraram depois.
3. Um bebê nasceu em Cingapura, às 20h, e o outro nasceu em Londres, ao meio-dia, já que as cidades têm oito horas de diferença de fuso horário.
4. Uma das pessoas leva a cesta junto com o último ovo.

uma pequena chance de obter uma grande vitória, enquanto outras são mais conservadoras e optam por maiores chances de ganhar uma quantia menor.

Na cabine do risco físico, todos eram incentivados a fazer malabarismos com bolas e realizar outros feitos físicos. Depois, havia uma avaliação de como se sentiram antes, durante e depois. Teria sido mais revelador se tivéssemos pedido que pulassem de paraquedas ou descessem uma montanha esquiando, mas não queríamos correr o risco de alguém se machucar de fato.

Finalmente, na cabine do risco emocional, eles tinham de criar um cartão-postal com um segredo. Isso foi inspirado pelo site PostSecret, que anonimamente compartilha segredos em cartões-postais que são enviados por pessoas do mundo todo.[64] Quase todos participam, apesar de ser um exercício sensível. Após quinze minutos, os participantes fazem cartões-postais com segredos pessoais relacionados às suas inseguranças, fantasias e limitações. Depois dessa atividade, há uma discussão profunda sobre aceitar riscos, experimentar e falhar. Os alunos percebem que, mesmo no ambiente de pouco risco da sala de aula, alguns foram mais fáceis de aceitar do que outros, e que cada um tem um perfil de risco diferente.

Então, como criamos um ambiente que apoie o risco e a experimentação? As melhores maneiras envolvem incentivar a experimentação e avaliar os resultados. É essencial divulgar os conceitos para todos o quanto antes, para que recebam um feedback rápido em relação às suas ideias. Quanto mais tempo uma ideia for trabalhada, mais ligada a ela você fica. Assim, você precisa ser incentivado a mostrar seu trabalho aos outros quando ainda está cru e ouvir seus comentários antes que seja difícil descartar suas ideias, caso não estejam dando certo. Infelizmente, na maior parte dos ambientes de trabalho, as pessoas são incentivadas a revisar seu trabalho antes de divulgá-lo. Quanto mais você revisa, mais ligado fica às ideias e é menos provável que você se desfaça delas se não estiverem dando certo.

Um ótimo exemplo de empresa que faz isso bem é a 1185 Design, em Palo Alto, liderada por Peggy Burke. Eles criam marcas, como logotipos e websites, para todos os tipos de negócio. Seus clientes incluem empresas famosas, como Adobe, Cisco, SAP, Symantec e Zynga. Doze designers assistem à apresentação formal para cada empresa e depois saem para gerar dezenas de ideias para o logotipo em alguns dias. Todos se reúnem e mostram seus conceitos, ainda pouco trabalhados, para todo o grupo. Depois de ouvirem o feedback, eles descartam a maior parte das ideias e voltam a trabalhar naquelas que sobreviveram ao corte. O importante é que cada designer tenha diferentes soluções que possam ser testadas, em vez de trabalharem em somente uma ideia. Logo, estarão prontos para mostrar um conjunto de logotipos ao seu cliente, que, por sua vez, dá feedback e sugestões. Novamente, os desenhos sobreviventes voltam à produção para serem aperfeiçoados. Esse processo de tentativa e erro leva a opções interessantes e diversificadas, e as melhores sobrevivem no final.

Outro exemplo inspirador é de Elise Bauer, que lançou e escreve no blog Simply recipes. Com milhões de visitantes por mês, é um dos melhores sites de receitas do mundo. Mas certamente não começou assim. Conheço Elise há muitos anos e acompanhei-a quando ela ficou muito doente com síndrome da fadiga crônica. Ela estava tão fraca e cansada que, na maioria dos dias, mal conseguia sair da cama. A única coisa que conseguia fazer era escrever. Era 2003 e os blogs estavam começando a surgir. Ela decidiu, então, começar um. Mas ela não escrevia um blog: escrevia cinco, para ver que assunto atraía os leitores, e de qual ela gostava mais. Ela tinha um sobre música, um sobre críticas de livros, um sobre marketing, um sobre pensamentos aleatórios e reflexões e um com receitas para sua família.

Logo depois de começar, ela aprendeu muitas coisas interessantes com esses blogs. Primeiro, ela percebeu que achava desafiador capturar a essência da música em palavras. Segundo, consumia muito tempo ler os livros para escrever críticas sobre eles. E, finalmente, ela percebeu que o blog de receitas, mesmo que não fosse direcionado ao público, tinha cada vez mais movimento. Na verdade, algumas de suas receitas apareciam no topo da lista de busca do Google. Com esse feedback em mãos, Elise descartou todos os outros blogs e focou no de culinária.

Elise não parou por aí. Ela continuou a experimentar, sempre observando as respostas dos usuários aos tipos de receita que ela postava, aos tipos de foto que eram incluídas, ao nível de detalhe em cada receita e a como a navegação e propagandas estavam distribuídas no site. Mesmo agora, seus leitores continuam a fornecer um fabuloso feedback nos comentários diretos e até sobre seu comportamento. Ela rapidamente sabe se algumas receitas não estão dando certo. Então, atualiza os posts com dicas e, se ainda estiverem dando muitos problemas, ela os retira. Há surpresas diariamente. Por exemplo, ela postou uma receita simples e antiga de torrada de canela que, inesperadamente, fez sucesso. Ela rapidamente descobriu que os leitores adoram ver receitas nostálgicas que trazem memórias de infância. Elise lê e responde quase todos os comentários do blog, abraçando as críticas positivas e negativas, sabendo que todo feedback continua a deixar o site mais forte.

Você pode praticar com pequenas experiências por dia, até que isso se torne natural. Essas experiências não precisam ser estrondosas, somente interessantes. Quando era menor, meu pai transformava quase tudo o que fazíamos em uma experiência. Quando íamos jantar, por exemplo, ele colocava vendas nos olhos dos três filhos e nos dava azeitonas verdes e pretas para ver se conseguíamos diferenciá-las. Ele contava os pontos e nos dava o resultado no final. Ou, quando um de nós se esquecia de fechar a pasta de dente, ele nos colocava em fila, fazia perguntas e media nossa pulsação, como um detector de mentiras. Ele começava com perguntas fáceis, como "Qual é o seu nome?" ou "Quando é o seu aniversário?", enquanto media nossa pulsação. Depois ele fazia a pergunta-chave: "Você deixou a pasta de dente destampada?". Ele observava se nossa pulsação aumentava enquanto respondíamos como indicação de que poderíamos não estar falando a verdade. Era uma forma divertida de levar a experimentação à nossa vida cotidiana. Logo, isso se tornou uma maneira natural de vermos o mundo.

A experimentação deveria vir acompanhada de uma luz que fosse acesa quando fosse claro que sua atual estratégia não dá certo. Eric Ries popularizou esse método em seu trabalho *A startup enxuta*. Um bom exemplo dessa abordagem é Chegg, que aluga livros para alunos de faculdade. Chegg começou com o objetivo de criar um boletim on-line para os alunos. Porém, quando lançaram o produto, não houve adesão definitivamente. Até que ele funcionava, mas não havia muito entusiasmo por parte dos usuários.

Analisando os dados, os fundadores do Chegg perceberam que havia uma parte do site promissora: os alunos vendiam muitos livros usados uns para os outros. Bingo! Eles decidiram mudar a direção da empresa como um todo. Sua nova ideia era alugar as obras para alunos durante o bimestre ou semestre. Eles fizeram uma tentativa lançando um novo site, chamado de Textbook Flix, para ver se haveria interesse dos estudantes em alugar os livros. O site estava completamente cru e eles não tinham um inventário dos volumes. Quando os pedidos começaram a chegar, eles literalmente compravam os livros na Amazon e mandavam diretamente para os clientes.

MOVA-SE RAPIDAMENTE E QUEBRE AS COISAS

Seu objetivo era testar a demanda pelo produto. Deu certo! Era claro que havia uma grande demanda nesse segmento. Eles rapidamente transformaram o Chegg em uma empresa de aluguel de livros on-line que se tornou um negócio de sucesso. Isso nunca teria acontecido se eles não tivessem feito alguns experimentos breves para lançar um produto básico que pudesse testar sua ideia. Assim, puderam alterá-la ao ter claro que o plano original não estava dando certo.

Esse processo é implantado em empresas inovadoras, de rápido crescimento, como o Facebook. De acordo com Randi Zuckerberg, ex-chefe de marketing da empresa, o lema do Facebook é: "Mova-se rapidamente e quebre as coisas"*. Os líderes da empresa enfatizam a velocidade, e não a perfeição, enquanto incentivam que todos tentem novas ideias. Eles sabem que, em média, um terço de todos os projetos vai dar certo. Isso significa que, para ter quatro projetos bem-sucedidos, eles precisam de doze experiências.

Esse processo é formalizado no evento Hackathon, realizado no Facebook todo mês. No evento, todos são convidados a passar a noite em claro, das 20h às 8h, para trabalhar em um novo projeto. A chave é que os projetos têm de ser completamente não relacionados ao trabalho do dia a dia da pessoa. São verdadeiras experiências. No dia seguinte, cada pessoa ou equipe faz uma apresentação de cinco minutos sobre o que realizou. A cada mês, centenas de pessoas participam e acontecem várias apresentações. Os projetos podem ser sobre qualquer coisa, desde pintar um mural na parede até codificar um novo aplicativo. Algumas dessas experiências são tão interessantes que se tornam projetos em tempo integral para os hackers. O Facebook Chat é um exemplo de um projeto que foi implementado.

---

* Em 2014, o lema oficial do Facebook mudou para "Mova-se rapidamente com uma estrutura estável". [N.E.]

Além disso, alguns experimentos do Hackathon que parecem inúteis acabam se mostrando interessantes oportunidades. Por exemplo, dois engenheiros decidiram participar do Hackathon, mas não sabiam o que queriam fazer no início da noite. Depois de um brainstorming divertido, decidiram montar um barril de cerveja com um leitor de cartões. Ao inserir seu cartão de identificação, você pega uma cerveja e o leitor tira uma foto sua. A foto é postada no Facebook com uma atualização de status dizendo que você acaba de tomar uma cerveja. Embora tenha soado muito banal quando esses engenheiros apresentaram a ideia no dia seguinte, os outros perceberam que essa tecnologia poderia ser usada de outra forma. Assim, a mesma abordagem foi implementada em conferências, para que os participantes possam trocar seus cartões de identificação em várias estações de trabalho e automaticamente atualizar suas páginas do Facebook.

Esse mesmo tipo de energia é encontrado na Startup Weekend, que fornece aos que querem se tornar empreendedores a oportunidade de conhecer e começar uma nova empreitada durante um período intensivo de cinquenta horas. Esses finais de semana são, essencialmente, laboratórios nos quais as equipes se reúnem e experimentam uma ideia nova. Eles começam em uma sexta-feira à noite, com lances daqueles que têm uma ideia para um novo negócio. As equipes se reúnem organicamente ao redor dos projetos nos quais têm interesse e começam a trabalhar. Muitos dos participantes têm a técnica, enquanto outros contribuem com habilidades de negócios. Juntos, rapidamente começam a construir protótipos e se engajar com clientes potenciais para demonstrar a validade do conceito. Na noite de domingo, cada equipe mostra o que fez e recebe um feedback dos juízes. Essa abordagem deu certo e a organização agora oferece dezenas desses finais de semana pelo mundo durante o ano.[65]

MOVA-SE RAPIDAMENTE E QUEBRE AS COISAS

Muitas empresas estabelecidas trabalham muito para encontrar maneiras de construir uma cultura que dê apoio à experimentação, enquanto mantêm seu negócio central funcionando. Por exemplo, o Google tem a regra 70-20-10. Ou seja, aplica 70% de seus recursos no seu negócio central, 20% em experiências que sejam relacionadas ao negócio central e 10% em ideias inovadoras que vão ser desenvolvidas em um futuro distante e têm altos riscos de dar errado. Um exemplo de experimento de alto risco no Google é o desenvolvimento de um carro que não precisa de motorista. O sistema usa a informação do Google Street View em conjunto com um software de inteligência artificial, câmeras e sensores no veículo. O projeto não é só tecnicamente complicado, mas requer novas leis que permitam que carros sem motoristas rodem nas ruas e estradas.[66] Serão necessários anos até que o Google saiba se o projeto vai dar certo. Mas a empresa pretende usar uma pequena porcentagem de seus recursos nesse projeto de alto risco. Se der certo, os benefícios serão enormes. Além disso, aparentemente há muitas descobertas fascinantes, mesmo que inesperadas, pelo caminho.

Todos esses exemplos reforçam o fato de que as experiências oferecem informação essencial, funcionando da forma como você esperava ou não. Na verdade, experimentos que fracassam são incrivelmente valiosos porque ajudam você a bloquear caminhos que não são viáveis. É claro, ninguém quer fracassar e nem deveria. Mas o fracasso é uma parte inevitável do processo criativo quando você faz coisas que nunca fez antes. Segundo uma frase atribuída a Henry Ford: "O fracasso é somente a oportunidade de começar de novo, de forma mais inteligente". Uma Máquina da Inovação robusta, portanto, precisa de atitudes individuais e uma cultura coletiva que fomente a experimentação.

10.
SE ALGO PUDER DAR ERRADO, CONSERTE!

Devido ao grande entusiasmo com a criatividade e a inovação, havia muito mais candidatos do que vagas no nosso curso de criatividade. Assim, a equipe de professores teve de reduzir a classe de cento e cinquenta para quarenta pessoas. O processo de candidatura envolvia uma atividade em classe: a criação de uma capa de livro para a autobiografia futura de alguém. Por causa das nossas decisões no ano passado, recebi uma mensagem de um aluno que não tinha passado pedindo uma explicação. Enviei a ele uma resposta educada sobre os desafios de escolher alunos quando todos os candidatos são qualificados. Ele respondeu com um pedido diferente. Ele disse que nunca entra nos cursos que quer. Ele implorou que eu desse um feedback mais específico, dizendo que era um aluno esforçado, que tinha sido admitido no colégio com uma bolsa acadêmica.

Eu senti sua frustração e quis ajudar. Pensei muito cuidadosamente em como responder e mandei a seguinte mensagem: "Se você quiser muito fazer um curso e não conseguir um lugar na classe, então continue aparecendo nas aulas. Vagas normalmente surgem durante a primeira semana, já que os alunos desistem por variadas razões. Se você estiver lá, há grandes chances de uma dessas vagas ser sua".

Ele respondeu: "Obrigado pelo conselho. Acho que isso não vai dar certo na sua aula". Eu fiquei olhando para aquele e-mail durante vários minutos e respondi: "Você está certo. Não vai funcionar".

Eu tinha entregado o ouro a ele e ele não pegou. Essa situação é totalmente oposta à de outra aluna que me escreveu no mesmo dia. Ela também não havia conseguido uma vaga, mas sua abordagem foi completamente diferente. Ela disse: "Obrigada por sua primeira aula. Adorei e aprendi muito. Seria possível que eu assistisse ao menos mais uma? Sei que seria de grande valia".

Concordei em deixá-la vir para a aula seguinte e, como previ, alguém desistiu do curso e ela foi admitida.

Ambos os alunos são inteligentes. A diferença entre eles é a atitude. O primeiro estava convencido de que não entraria na aula e nem enxergou essa possibilidade quando a coloquei bem na sua frente. A segunda aluna criou uma forma de conseguir o que queria. O fato é que acreditar que existe uma solução para o seu problema é um passo fundamental para encontrar uma. Muitas pessoas desistem muito antes de terem encontrado soluções aos seus desafios – grandes e pequenos – mesmo que estejam à sua frente, porque elas não têm a convicção de que os problemas podem ser resolvidos. Essencialmente, se você acredita que algo é impossível, então é.

Vi essa situação várias vezes no final de 2010, quando visitei o Japão pela primeira vez. Quase todos que eu conhecia me diziam algo como: "Estamos presos no meio de uma depressão econômica de vinte anos no Japão". Depois de ouvir isso dezenas de vezes, percebi que essa mensagem está embrenhada na mente das pessoas. Os jovens de vinte e poucos anos ouviram isso a vida toda. Esse mantra, que se repete diariamente na mídia, nas escolas e nas casas, é terrivelmente desanimador. Com essa atitude, torna-se quase impossível enxergar as oportunidades bem na sua frente.

Uma forma de mudar sua atitude é trocar seu vocabulário. No Facebook, Randi Zuckerberg disse à sua equipe que estava mudando o nome do grupo de Marketing de Produtos de Consumo para Marketing Criativo. Apesar de parecer uma pequena mudança, teve um impacto instantâneo no grupo. Imediatamente, eles se redefiniram como um centro criativo dentro da empresa, mesmo que ninguém mais soubesse que eles tinham

ACREDITAR QUE EXISTE UMA SOLUÇÃO PARA O SEU PROBLEMA É UM PASSO FUNDAMENTAL PARA ENCONTRAR UMA.

mudado de nome. Dentro de alguns dias, a equipe reorganizou o espaço, remobiliou, redecorou e criou uma parede para expor seus feitos criativos. Eles começaram a ter mais ideias inovadoras e sugeriram novos projetos que refletissem seu novo papel na empresa. Tornou-se bastante claro que a equipe de Randi era muito criativa, mas que eles não achavam que este era seu papel principal: dar ideias. A mudança do nome deu a eles a permissão explícita para exercitar a imaginação.

Essa história nos lembra o fato de que vemos o que queremos enxergar. Se você se perceber como uma pessoa criativa, tem muito mais chances de ter ideias inovadoras. Mas, se você se definir como uma abelha-operária que simplesmente implementa as ideias alheias, então esse é o papel que vai ter. É claro que o resultado criativo requer mais do que apenas mudar o nome de sua organização. Mas, nesse caso, a mudança de nome foi um importante catalisador para desbloquear a capacidade inata do grupo de inovar.

Heidi Neck, que dá aulas de empreendedorismo na Babson College, realiza um workshop no qual pede aos alunos que completem um quebra-cabeça. Quando terminam, eles vão até outra sala para montar uma colcha de retalhos, começando com uma coleção maluca de vários tecidos. Quando terminam, ela compara as duas abordagens e os dois produtos finais. Montar quebra-cabeças tem um objetivo fixo e, se faltar uma peça, não se obtém o sucesso. Por outro lado, fazer uma colcha é um processo mais aberto, no qual você pode mudar a direção com base nas peças que tem em mãos. E não importa quais materiais você tem, é possível completar a colcha. Heidi mostra aos alunos que os inovadores e os empreendedores são mais aptos a fazer uma colcha do que montar um quebra-cabeça. A forma como pensam permite que respondam ao inesperado e utilizem os recursos disponíveis para criar algo de valor, em vez de esperar que as peças desejadas apareçam.

Há muitas pessoas que ficam cegas quando enfrentam desafios, acreditando que não têm todas as peças necessárias para completar seu "quebra-cabeça". Elas não conseguem ver as infinitas oportunidades ao seu redor. Existem vários exemplos disso no Chile, onde as pessoas raramente saem da cidade central, Santiago, e não aproveitam por completo as grandes características do seu país. Porém, o governo do Chile e as universidades estão tentando mudar a cultura e incentivar os jovens a começar empreitadas empreendedoras que aproveitem os recursos da região.

Uma experiência nova e ousada chamada Start-Up Chile foi feita para pular esse processo[67]. O governo chileno está literalmente importando empreendedores iniciantes do mundo todo, que estejam começando seus negócios, com o objetivo de contagiar a comunidade local com o espírito empreendedor. A Start-Up Chile dá a startups a chance de ir ao Chile por seis meses para começar seu negócio. Cada iniciativa selecionada para participar recebe quarenta mil dólares, para pagar as despesas locais, e um espaço no local de trabalho colaborativo do Start-Up Chile. Os participantes compartilham o que estão fazendo e são incentivados a contratar talentos locais para ajudá-los. O objetivo é inspirar as pessoas no Chile para que considerem começar seus próprios negócios ao expô-las a modelos do mundo todo. A Start-Up Chile literalmente quer mudar a forma de pensar das pessoas, tornando-as menos receosas em relação ao fracasso e mais abertas às oportunidades.

Um estudo de Baba Shiv, professor na Escola de Negócios de Stanford, sugere que existem dois tipos de linha de pensamento relacionados a aceitar desafios. Algumas pessoas são levadas por um forte medo do fracasso e, assim, não aceitam desafios que têm chance de dar errado. Outras são levadas pelo forte medo de perder uma oportunidade. Esse grupo aceita projetos que podem até não sair como o esperado porque não querem perder a chance de que dê certo[68].

Também vi um grupo híbrido que luta tanto com um medo profundo do fracasso quanto com um medo poderoso de perder as oportunidades. Eles empregam um intenso esforço, querendo fazer algo ousado e importante, mas têm muito medo de fracassar. Eles desesperadamente querem acabar com seus medos para aceitar os desafios que aparecem pelo caminho. A melhor forma de superar esse problema é começar a aceitar pequenos desafios para criar sua confiança criativa. Quanto mais confiança tiver, mais você conseguirá se sobrepor aos seus medos para abraçar desafios cada vez maiores. Eventualmente, sua vontade de ter sucesso ganha mais força do que seu fracasso.

Existem exemplos inspiradores de pessoas que querem tanto o sucesso que, literalmente, derrubariam qualquer barreira para alcançar seus objetivos. John Adler, um importante neurocirurgião de Stanford, foi exposto a uma nova e fascinante maneira de realizar cirurgias no cérebro minimamente invasivas, nos anos 1980, enquanto fazia um estágio de neurocirurgia no Karolinska Institute, na Suécia. Essencialmente, uma moldura de metal era colocada na cabeça do paciente para que ela ficasse parada e a radiação – a faca gama – era usada para ablação, ou remoção, do tumor, ao atacá-lo por vários ângulos. A radiação era muito menor do que a quantidade que prejudicaria o tecido cerebral normal. Porém, a radiação seria cumulativa no local do tumor e mataria aquelas células especificamente.

John percebeu que essa abordagem poderia ser usada com todos os tipos de tumor sólido, se essa moldura fosse tirada do processo. Com grande entusiasmo, ele passou a trabalhar nessa ideia. Ele visualizou uma "faca cibernética" que usasse computadores para comparar raios X digitais em tempo real do corpo do paciente com sua tomografia anterior. Dessa forma, o cirurgião poderia precisamente irradiar um tumor em várias direções sem usar uma moldura para segurar o paciente em uma posição específica.

Essa tecnologia demorou dezoito anos para ter sucesso comercial. Durante esse tempo, John enfrentou vários desafios e disse: "Se não fosse pelo azar, eu nunca teria tido sorte". Havia muitos problemas para levantar recursos para financiar o desenvolvimento do produto, ele tinha pouco conhecimento sobre o mundo dos negócios, os produtos iniciais não tinham um bom desempenho e até seus colegas mais próximos chamavam o projeto de "bobagem de Adler".

Apesar dos obstáculos, John forçou-se a permanecer positivo e continuou, um passo de cada vez. Ele colocou toda a sua energia para que isso fosse um sucesso e, inclusive, tirou uma licença de seu trabalho em Stanford para se tornar CEO do seu negócio em 1999. Ele trabalhou fortemente com consumidores e investidores potenciais para articular a visão do seu negócio. Ele faria de tudo para fechar um negócio, até encontrar-se com o mesmo consumidor mais de trinta vezes. No fim, depois de quase duas décadas de um trabalho incansável, essa tecnologia está disponível para tratar tumores que exigiriam uma cirurgia invasiva. Isso nunca teria acontecido sem a crença de John em sua missão e sua vontade de atravessar barreiras para fazer acontecer[69].

Você pode ter a habilidade para fazer isso também. Lonny Grafman, que dá aulas de engenharia na Universidade Humboldt e é fundador da Appropedia, dá aos estudantes muitas oportunidades de aprender essas habilidades. Lonny propôs aos seus alunos o seguinte problema: transforme as imensas quantidades de resíduos plásticos das praias do Haiti em moldes de plástico para fazer quebradores de nozes. O que acontece é que moldes de fibra de vidro estavam sendo enviados dos Estados Unidos ao Haiti para que os haitianos fizessem quebradores de nozes de concreto, cujo uso aumenta a produção e a renda e evita a artrite precoce causada pelo manuseio das cascas. Seria muito mais eficiente produzir as fibras de vidro no Haiti, especialmente se isso pudesse ser feito com o uso das sacolas plásticas encontradas aos montes nas praias e nos aterros.

Depois de algumas semanas trabalhando no projeto, os alunos disseram a Lonny que isso não poderia ser feito. Derreter o plástico para fazer o molde emitiria gases tóxicos inaceitáveis. Eles estavam prontos para desistir do projeto. Lonny disse a eles que sempre há uma solução. Então, incentivou-os a voltar aos esboços e pensar novamente. Tinha de haver uma maneira de funcionar, talvez não da forma como previram, e talvez não perfeitamente, mas sempre há um jeito, ele disse.

Apenas um dia depois, os alunos encontraram uma solução. Em vez de derreter os sacos plásticos, eles poderiam fatiá-los e depois costurá-los, criando um tecido de plástico. Esse tecido seria, depois, levemente aquecido com um ferro para que se solidificasse na forma correta. A temperatura era muito mais baixa do que a do derretimento que produziria as fumaças tóxicas. Os alunos não só obtiveram o sucesso, mas também aprenderam que, se você sabe que existe uma solução, tem muito mais chances de encontrá-la. Como diria Henry Ford: "Se você acha que pode ou que não pode, você está certo".

Peter H. Diamandis, fundador da Fundação XPRIZE, é mestre nesse tipo de pensamento e o utiliza ao abordar desafios interessantes em relação ao nosso planeta. Ele identifica os maiores problemas do mundo, aqueles que parecem impossíveis, e convida os outros a se reunir para resolvê-los. Peter dá grandes incentivos ao oferecer prêmios impressionantes a quem for bem-sucedido.

Grandes desafios e prêmios motivaram muitas conquistas. Por exemplo, o Prêmio Orteig, de 1919, pagou vinte e cinco mil dólares para a primeira pessoa que fez um voo direto de Nova York a Paris. Essa competição estimulou um grande número de experiências e, finalmente, levou ao famoso voo de Charles Lindbergh, em 1927. Ainda mais impressionante, os Estados Unidos levaram um homem à Lua menos de nove anos após o presidente John F. Kennedy ter lançado o desafio, em 1961. O prêmio, nesse caso, era reconhecimento global, motivado pela intensa competição internacional. Tudo o que era necessário para alcançar aquele audacioso objetivo tinha de ser inventado para obter sucesso. E tudo foi feito por uma equipe de engenheiros com idade média de vinte e sete anos e menos tecnologia computadorizada do que um celular tem hoje. Além disso, de acordo com a autora Catherine Thimmesh, aproximadamente quatrocentas mil pessoas estavam diretamente envolvidas em alcançar esse feito, incluindo dezessete mil trabalhadores no Kennedy Space Center, setenta e cinco mil funcionários da Grumman, que construíram o módulo lunar, e quinhentos designers e costureiros que fizeram os uniformes espaciais[70].

Peter usa uma abordagem parecida na Fundação XPRIZE, organização sem fins lucrativos cuja missão é inspirar grandes descobertas que tenham um enorme impacto positivo. Setenta e sete anos depois do voo de Lindbergh, o primeiro XPRIZE foi de dez milhões de dólares, dados a uma equipe liderada por Burt Rutan após desenvolver uma espaçonave privada. O desafio era criar uma espaçonave que pudesse ser usada várias vezes por civis que quisessem uma chance para experimentar a viagem ao espaço. Deveria levar três pessoas – o equivalente a um piloto e dois passageiros – a uma altitude de cem quilômetros e repetir o voo duas vezes em duas semanas. Esse desafio inspirou vinte e seis equipes a participar, o que resultou em um grande investimento de tempo, energia e criatividade.

Para manter esse sucesso, a Fundação XPRIZE criou novos desafios e prêmios com o objetivo de inspirar inovação em relação a problemas muito complicados. Um prêmio, o Archon Genomics XPRIZE, dá dez milhões de dólares à primeira equipe a identificar a sequência de cem genomas humanos em dez dias. Outro prêmio, o Google Lunar, oferece trinta milhões de dólares à primeira equipe privada a aterrissar um robô na Lua que viaje quinhentos metros na superfície lunar e envie fotos. Há ainda outro prêmio, de dez milhões de dólares, o Progressive Automotive XPRIZE, que premia a equipe que constrói um carro que faça cento e sessenta quilômetros por galão de gasolina em condições normais*. Prêmios futuros têm o objetivo de resolver problemas relacionados à energia e ao meio ambiente, educação e desenvolvimento global, saúde e ciências da vida, além, é claro, da exploração espacial.

Peter vê o mundo cheio de oportunidades e nenhum problema é grande demais para ele. Uma vez ele viu uma placa com a Lei de Murphy no escritório de um colega. Dizia: "Se algo puder dar errado, dará". Peter interpretava aquele dito popular como uma admissão do fracasso. Ele andou pela sala, riscou o verbo "dará" e escreveu: "CONSERTE!", em letras garrafais. A nova placa era: "Se algo puder dar errado, conserte!". Deveríamos chamar essa regra revisada de "Lei de Diamandis".

Peter Diamandis lançou a Singularity University para ensinar os outros a adotar a mesma filosofia e habilidades. Os participantes, oriundos de várias partes do mundo, chegam para aprender a resolver grandes problemas. Eles aprendem a ter ideias inovadoras e são desafiados a usar essas habilidades durante um período de alguns meses para inventar produtos e serviços que possam afetar a vida de bilhões de pessoas em dez anos. Por exemplo, uma equipe tinha o desafio de reduzir o número de carros no mundo. Eles visualizaram a ideia de

---

* Archon Genomics XPRIZE encontra-se cancelado. Google Lunar XPRIZE e Progressive Automotive XPRIZE foram concluídos. [N.E.]

A CRIATIVIDADE NÃO É INTEIRAMENTE UM ATO CEREBRAL: É APRIMORADA POR FORTES EMOÇÕES, QUE SÃO O COMBUSTÍVEL PARA IDEIAS NOVAS.

transformar cada carro em um veículo compartilhado. Em vez de deixar os carros parados o dia todo, as pessoas receberiam para deixar que os outros usassem o veículo, maximizando a utilização de cada automóvel, reduzindo, assim, o número de carros que precisam ser construídos.

Outra equipe capturou metais preciosos de eletrônicos usados que produzem muito lixo tóxico. Eles estão desenvolvendo um organismo unicelular que extrai os metais dos materiais descartados para que o metal possa ser reutilizado. Uma equipe está trabalhando com a ideia de construir grandes estruturas no espaço usando a impressão 3-D na gravidade zero. Esse projeto mudaria drasticamente a exploração espacial ao tornar o processo de construir estações espaciais ou espaçonaves mais barato. Todas as partes necessárias literalmente seriam construídas no voo. Cada um desses projetos é uma tarefa desafiadora, mas, com perseverança e atitude, acreditando que eles podem ser alcançados, as equipes fazem muitos progressos.

Pensando mais ainda no futuro, a Nasa, agência espacial, e a Darpa (Agência de Projetos de Pesquisa Avançada de Defesa) estão trabalhando para descobrir formas de viajar para outra estrela em nossa galáxia. Uma recente conferência reuniu todos os que estão trabalhando no projeto 100-Year Starship. Entre os participantes estavam especialistas em física, matemática, engenharia, biologia, economia e ciências psicológicas, sociais, políticas e culturais. O objetivo das agências é inspirar inovações que possam viabilizar a viagem espacial interestelar enquanto criam intervenções que possam beneficiar a raça humana. Eles reconhecem que tais desafios são feitos para superar os limites da nossa imaginação.

Explorar emoções poderosas é ainda outra maneira de aumentar o incentivo e a motivação. Muitos artistas e empreendedores são impulsionados em suas buscas não só pela sua curiosidade intelectual, mas por intensos sentimentos, inclusive a raiva, a tristeza, a alegria ou a frustração. Muitos dos melhores poemas foram escritos em tempos de depressão, muito da prova mais engajada foi realizada para transmitir uma mensagem emotiva e algumas das empresas de mais sucesso são inauguradas para corrigir um erro. A criatividade não é inteiramente um ato cerebral: é aprimorada por fortes emoções, que são o combustível para ideias novas.

Um ótimo exemplo vem de Chicago, onde Brenda Palms Barber começou um negócio para dar emprego a ex-presidiários. Ela gerenciava uma organização sem fins lucrativos que se dedicava a ajudar os ex-detentos a conseguir empregos. Era uma proposta desafiadora, já que poucos empregadores queriam contratá-los. Sua solução inovadora foi começar sua própria empresa para dar emprego aos ex-presidiários. A nova empresa, Sweet Beginnings, produz mel e produtos para pele com base de mel. Os funcionários criam abelhas, produzem o mel, gerenciam o site da empresa e trabalham com vendas e atendimento aos clientes. Com essa experiência no currículo, ___% onseguem encontrar outros empregos depois. Esse ne- mantido pela paixão de ajudar aqueles que estão reco- ndo, está se expandindo consideravelmente para outras es do país[71]. a história nos faz lembrar que, para encontrar soluções as para grandes desafios, você precisa antes acreditar i encontrá-las. Com essa atitude, você enxerga oportu- es onde os outros veem obstáculos e consegue aproveitar ursos que tem para alcançar seus objetivos. Suas cren- moldadas pela linguagem que utiliza, a qual é molda- suas crenças. Esse conceito é profundo e libertador. Sua Máquina da Inovação é limitada somente por seus sonhos e desejos que, juntos, abrem um mundo de possibilidades.

11.
DE DENTRO
PARA FORA
E DE FORA
PARA
DENTRO

Sangduen Chailert, conhecida como Lek, sempre amou os elefantes. Ela cresceu na vila rural de Baan Lao, em uma área remota do nordeste da Tailândia, e se apaixonou por esses animais desde cedo, quando sua família cuidava de um. Conforme foi crescendo, ela viu como era terrível o tratamento dado aos elefantes em cativeiro, e salvá-los tornou-se sua missão de vida. Sua paixão a levou a aprender o máximo possível sobre essa espécie ameaçada. Ela descobriu que os hábitats de elefantes na Tailândia estavam diminuindo rapidamente e que apenas quinhentas espécies selvagens viviam no país. Além disso, a maior parte dos dois mil elefantes domésticos que entretêm os turistas tem um futuro difícil. Lek decidiu que tinha de fazer algo significativo para protegê-los.

No início dos anos 1990, Lek fundou o Elephant Nature Park, próximo a Chiang Mai, na Tailândia. Ela lutou desesperadamente para levantar os recursos necessários para cuidar dos elefantes e foi contra as críticas locais que tentaram evitar que ela fizesse esse trabalho. Apesar dos obstáculos, Lek descobriu uma maneira inovadora de resgatar e proteger os elefantes que foram feridos por minas terrestres e prejudicados pelo trabalho excessivo na indústria madeireira, assim como aqueles que foram maltratados trabalhando em circos. O Elephant Nature Park abriga hoje trinta e cinco elefantes e é aberto a visitantes e voluntários que se transformam com a experiência com esses animais extraordinários.[72]

Essencialmente, a atitude de Lek em relação aos elefantes a motivou a ganhar conhecimento sobre esses animais magníficos – um rico recurso na Tailândia. Seu conhecimento tornou-se uma caixa de ferramentas para sua imaginação, que ela utilizou para criar um hábitat onde pudesse proteger os animais e compartilhar sua paixão e conhecimento com os outros. Ao conscientizarem-se sobre a situação, os visitantes mudam as atitudes em relação aos elefantes. Assim, lentamente muda-se a resposta cultural a essas criaturas. Esse é um exemplo da Máquina da Inovação em funcionamento. A Máquina da Inovação captura a relação entre os fatores que influenciam sua criatividade, tanto dentro da sua mente quanto fora, no mundo.

Do lado de dentro, sua criatividade é influenciada pelo seu conhecimento, sua imaginação e sua atitude. Esses fatores são inspirados pelo trabalho original de Benjamin Bloom, de 1950, sobre aprendizado. Ele focou no que você sabe, no que você faz e em como você se sente, que são normalmente chamados de conhecimento, habilidades e atitude. Já que focamos especificamente na criatividade, troquei "habilidades" por "imaginação", uma vez que a imaginação captura as habilidades específicas necessárias para a criatividade. Vamos olhar esses três fatores por dentro da Máquina da Inovação em detalhe.

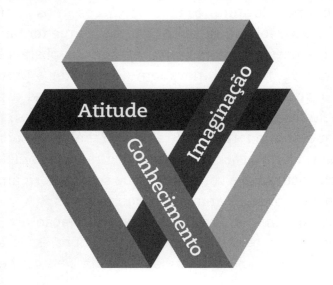

CONHECIMENTO

O conhecimento em qualquer área, de minerais a música, de cogumelos a matemática, é o combustível para a sua imaginação. Ou seja, quanto mais você sabe sobre um tema específico, mais matéria-prima você tem para trabalhar. Por exemplo, se você quer desenvolver um carro movido a energia solar ou encontrar a cura para o câncer, precisa começar conhecendo sobre engenharia ou biologia, respectivamente.

Algumas pessoas discordam: acham que é benéfico "pensar como principiante" para que os desafios sejam enfrentados sem um conhecimento ou crenças estabelecidas. Existem exemplos que baseiam essa ideia. Porém, se olhar bem, vai ver que na maioria desses casos as pessoas têm expertise em um campo tangente ou relacionado. Empreendedores bem-sucedidos costumam vir da sua área de domínio e suas ideias não ortodoxas não são inibidas pela indústria. Eles dominam a área, porque não saberiam o que não pode ser feito. Como dizia Mark Twain: "O melhor soldado do mundo não precisa ter medo do segundo melhor soldado do mundo. Não, ele deve ter medo de algum antagonista ignorante que nunca tenha segurado uma espada na vida, já que este não faz o que deveria fazer, então o expert não está preparado para ele. Ele faz o que não deveria fazer. Normalmente isso pega o expert de surpresa e acaba com ele"[73].

Empreendedores em série, que inauguram empresas em vários campos, são mestres em construir com base em seu conhecimento acumulado de outras empreitadas enquanto caminham de uma iniciativa para outra. Inicialmente, eles não têm expertise na nova área, mas rapidamente usam o conhecimento passado para ir em frente. Um ótimo exemplo é o de uma empresa chamada Climate Corporation, mencionada anteriormente, que faz softwares sofisticados que permitem oferecer seguro para os fazendeiros para perdas relacionadas ao clima. Nessa empresa em franco crescimento, ninguém, incluindo David Friedberg, o fundador, tem algum treinamento formal em meteorologia ou agricultura. David foi treinado como astrofísico, passou um tempo como investidor e trabalhou com estratégia no Google. Outros membros da empresa também agregam muito conhecimento em várias áreas e cada um traz uma luz sobre os problemas que tentam resolver. Entre os integrantes da equipe estão matemáticos, engenheiros e até um neurocientista. O neurocientista, por exemplo, foi treinado para analisar dados complicados, que mudam rapidamente, e usa esse conhecimento para analisar padrões climáticos. Com o tempo, cada um deles foi desenvolvendo uma expertise em agricultura e meteorologia que levarão para suas próximas iniciativas.

IMAGINAÇÃO

Sua imaginação – capacidade de criar algo novo – é uma força poderosa. É o catalisador necessário para a combustão criativa. Sem isso, novas ideias não podem ser criadas. Há habilidades e abordagens específicas que você pode desenvolver para libertar sua imaginação. Entre elas estão a conexão e a combinação de ideias, a reformulação de problemas e o desafio às ideias. Essas ferramentas, analisadas detalhadamente nos capítulos anteriores, permitem que você use o que sabe para gerar ideias novas.

Karl Szpunar e Kathleen McDermott examinaram a literatura em relação a como a imaginação está profundamente conectada com a memória[74]. Eles citam uma ampla gama de pesquisas de psicologia e neurociência que reforçam a hipótese de que as mesmas partes do cérebro são ativadas quando nos lembramos e imaginamos, incluindo provas de que aqueles que não têm a capacidade de se lembrar do passado são incapazes de moldar uma visão de futuro. Nossa imaginação essencialmente transforma o que sabemos – nossas memórias – em novas ideias. Por exemplo, lembramo-nos de um carro e de um pássaro e nossa imaginação conecta aqueles conceitos e traz novas ideias, incluindo um carro voador e um pássaro mecânico.

Usando seu conhecimento sobre o mundo como combustível, sua imaginação torna-se uma fonte renovável e infinita de recursos. Para demonstrar esse ponto, peço aos alunos para fazerem um aquecimento, inspirados por Patricia Ryan Madson, em seu livro *Improv Wisdom*[75]. Digo a eles que existe um presente imaginário em suas mesas e peço que o peguem e sintam seu peso, seu tamanho e imaginem como é bonita a embalagem. Sem abrir, eles devem imaginar o que está dentro da caixa. Quando entendem isso, eles devem abrir a caixa devagar para ver o que há dentro. Digo a eles que ficarão surpresos ao descobrir que o presente não é o que esperavam. Andamos pela sala e cada pessoa diz o que achou que havia na caixa e o que de fato encontrou. Todos falam coisas diferentes, de livros e chocolates a passagens de avião para uma aventura ao redor do mundo. Depois, peço que olhem dentro da caixa para encontrar outro presente, e outro e depois outro. Toda vez eles trazem algo novo e surpreendente. O importante é que esta "caixa" – sua imaginação – não tenha fundo. Se você cavar bem, sempre vai encontrar algo novo.

ATITUDE

Sua atitude é a faísca que ativa sua criatividade. Sem a atitude de que você pode ter ideias inovadoras, sua Máquina da Inovação fica estagnada. Sua atitude, ou pensamento, determina como você interpreta e responde às situações e tem bases neurológicas profundas.

Um novo estudo a ser publicado na *Psychological Science* descobriu que as pessoas que acreditam poder aprender com seus erros têm uma atividade cerebral diferente em resposta aos erros do que aquelas que acham que a inteligência é algo fixo. Jason Moser e seus colegas da Michigan State descobriram que as pessoas que acham que a inteligência é algo maleável dizem coisas como: "Quando as coisas ficam difíceis, esforço-me mais" ou "Se cometo um erro, tento aprender e entendê-lo". Porém, aqueles que acham que sua inteligência é fixa não aproveitam as oportunidades para aprender com os erros[76].

Enquanto media a atividade cerebral de seus pacientes (EEG), Moser e seus colegas deram a eles uma simples tarefa, que podia facilmente causar confusão. Os pacientes deveriam identificar a letra do meio em uma série de cinco letras, como "MMMMM" ou "NNMNN". Havia exemplos em que a letra do meio era igual às demais e outros, não. Segundo Moser: "É muito simples e repetitivo, mas às vezes a mente não acompanha. Tem uns lapsos de tempos em tempos". É aí que as pessoas cometem erros – e percebem imediatamente.

Quando alguém cometia um erro, os pesquisadores viam dois sinais rápidos no EEG: uma resposta inicial que indicava que algo tinha dado errado – Moser chama isso de "resposta Ah, que droga" – e um segundo sinal que indicava que a pessoa estava totalmente consciente do erro e tentando descobrir o que tinha saído errado. Ambos os sinais ocorreram em um quarto de segundo após o erro. Depois da experiência, os pesquisadores perguntaram aos participantes se eles acreditavam que podiam aprender com os erros. Aqueles que responderam que sim tiveram o segundo sinal mais longo. Era como se o cérebro dissesse: "Sei que cometi um erro e vou aprender com ele".

É importante perceber que nossos pensamentos são maleáveis. Carol Dweck, da Escola de Educação de Stanford, trabalhou muito nesse tema e demonstrou como as mensagens que os outros nos passam, e as que nós passamos a nós mesmos, influenciam a forma como vemos nosso lugar no mundo. Prova disso está no estudo feito por Dweck e Lisa Sorich Blackwell, sobre alunos da sétima série com baixo desempenho. Todos os estudantes participaram de um workshop sobre habilidades de estudo. Metade do grupo participou de uma sessão geral sobre a memória, enquanto a outra aprendeu que o cérebro, assim como um músculo, fica mais forte ao ser exercitado. O grupo que aprendeu isso mostrou-se muito mais motivado e apresentou melhoras nas notas de matemática, enquanto o grupo controle não mostrou nenhum aprimoramento[77]. Esse estudo foi apoiado por intensa pesquisa e demonstra que seu pensamento e suas atitudes estão sob seu próprio controle.

Não importa o quanto aprimoremos nosso conhecimento, a imaginação e a atitude: estamos inseridos em um mundo que exerce grande influência sobre nós. Lembro-me claramente que meu filho Josh, aos quatro anos, nunca tinha visto um comercial de TV. Um dia, para mantê-lo ocupado e em segurança, enquanto fui tomar banho, liguei a TV e disse a ele para me chamar caso houvesse algum problema. Em dois minutos, ele começou a gritar: "Mamãe, mamãe, mamãe!". Com sabonete e tudo, rapidamente peguei a toalha e corri para ver o que estava errado. Josh disse: "Mamãe, nós temos que comprar Pop-Tarts!".

Essa história nos faz lembrar que estamos nadando em meio a uma sopa cultural que influencia profundamente nossas atitudes e ações. Não importa o quanto tentemos controlar nosso ambiente, o mundo exterior sempre entra e influencia a maneira como pensamos, sentimos e agimos.

Existem três fatores importantes no mundo exterior que contribuem para a sua Máquina da Inovação: os recursos do seu ambiente, seu hábitat e a cultura em que se está imerso. Esses fatores ambientais podem estimular ou inibir sua criatividade. Vamos analisá-los mais de perto.

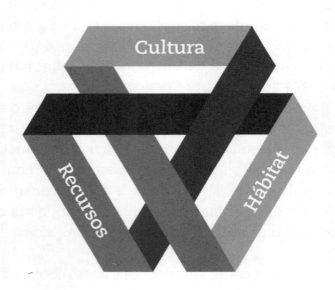

RECURSOS

Os recursos são todas as coisas de valor que existem no seu ambiente. Eles existem em formas diferentes, incluindo aqueles que podem ser investidos em novas empresas e recursos naturais como peixes, flores, cobre, diamantes, praias e cachoeiras. Eles incluem pessoas com conhecimento e expertise que podem ser guias, modelos de trabalho e mentores, assim como organizações, universidades e empresas locais, que apoiam a inovação.

Quanto mais conhecimento você tem, mais recursos consegue mobilizar. Por exemplo, quanto mais você sabe sobre pescar, mais peixes consegue; quanto mais sabe sobre o cobre, mais consegue extrair e quanto mais você sabe sobre investimentos e capital, mais facilmente conseguirá recursos. É claro que, se você mora em um local com muitos peixes, aprende sobre pesca; se mora em um local onde há abundância de cobre, aprende sobre mineração e se você mora em um lugar com muitos investidores, aprende sobre capital de risco. Assim, os recursos no seu ambiente influenciam seu conhecimento e ele permite que você acesse esses recursos. É por isso que os recursos estão por trás do conhecimento na Máquina da Inovação.

É importante perceber que alguns dos recursos no seu ambiente são fáceis de encontrar, enquanto outros requerem um esforço físico e mental. Depende de você reconhecer os recursos únicos no seu ambiente e ganhar conhecimento para usá--los. Infelizmente, em algumas partes do mundo, as pessoas não reconhecem os aspectos do seu ambiente. Elas estão tão focadas em tentar replicar os aspectos de outros locais que não enxergam o valor dos próprios recursos.

Por exemplo, estive recentemente no nordeste do Chile, que é um dos lugares mais mágicos da Terra. O país é basicamente uma pequena faixa de terra com quase cinco mil quilômetros de extensão de costa de um lado e os magníficos Andes do outro. Conversei com um dos residentes em Antofagasto e perguntei o que impedia a prosperidade econômica ali. O homem me disse: "Nosso ambiente pouco atraente". Olhei para ele com surpresa. Do lado de fora, estava uma vista maravilhosa do oceano. Ele literalmente não via a beleza e o potencial bem na frente dele.

HÁBITAT

O hábitat fica atrás da imaginação na Máquina da Inovação, porque os hábitats que criamos são basicamente uma manifestação externa da nossa imaginação. Criamos espaços físicos que refletem a forma como pensamos e, por sua vez, aqueles hábitats influenciam nossa imaginação. Como descrito nos capítulos anteriores, precisamos pensar com cuidado sobre os espaços que construímos, seus incentivos, as regras que aplicamos, os limites impostos e as pessoas com quem trabalhamos, porque cada um desses fatores contribui com a nossa capacidade de gerar novas ideias. Gerentes, educadores, pais e líderes comunitários têm um grande papel ao criar os ambientes que incentivem a imaginação de seus funcionários, alunos e crianças. Como discutido nos capítulos anteriores, pequenas mudanças têm uma grande influência no resultado criativo.

CULTURA

A cultura capta como os grupos de pessoas percebem, interpretam e entendem o mundo ao seu redor. Somos extremamente sensíveis à nossa cultura, inclusive com histórias sobre heróis locais, fofocas sobre aqueles que fazem coisas que fogem à regra, leis que determinam o que é considerado um comportamento aceitável e propagandas que nos dizem diretamente o que fazer. Da hora em que acordamos até quando vamos dormir, estamos imersos em um "caldo" cultural que influencia profundamente nossos pensamentos e as ações. Como sabemos, alguém que cresceu em San Francisco está rodeado por uma cultura completamente diferente de alguém que cresceu na suburbana Nova Jersey, na Índia rural ou no centro de Londres. Essas culturas comunicam diretrizes que influenciam em demasia a forma como pensamos, no que acreditamos e como agimos.

Cada pessoa, família, escola e organização contribuem com a cultura. E, assim, a cultura em qualquer comunidade diz respeito basicamente às atitudes coletivas de todos aqueles que ali vivem. É por isso que ela está localizada depois da atitude na Máquina da Inovação. Se um número de indivíduos, mesmo que pequeno, muda sua atitude, o ambiente cultural naturalmente muda. Pense em como as normas culturais em relação a jogar lixo no chão, reciclar latas e garrafas, fumar e economizar energia mudaram com o passar dos anos. Cada uma dessas ondas de mudança começou quando algumas pessoas modificaram suas atitudes e seus comportamentos. Com o tempo, essas ideias tornaram-se contagiosas e, depois, foram apoiadas por leis que reforçam essas atitudes coletivas. Assim, todos temos um papel importante na manutenção da cultura nas nossas comunidades.

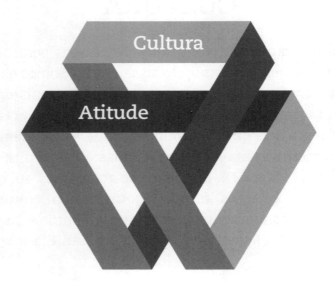

Todas as partes da sua Máquina da Inovação estão inexoravelmente conectadas e influenciam profundamente umas às outras.

→ Sua *atitude* acende sua curiosidade para adquirir *conhecimento*.
→ Seu *conhecimento* é combustível para sua *imaginação*, permitindo que você tenha ideias inovadoras.
→ Sua *imaginação* catalisa a criação de *hábitats* estimulantes, aproveitando os *recursos* do ambiente.
→ Esses *hábitats*, somados à sua *atitude*, influenciam a *cultura* na sua comunidade.

A seguir está a Máquina da Inovação em pleno funcionamento, mostrando como todas as partes se completam. A parte de dentro da máquina está ligada à de fora e os fatores internos e externos são reflexo uns dos outros. Ao conectar todas as partes dessa máquina, a criatividade é libertada, levando a mudanças transformadoras nas pessoas, nas equipes e nas organizações.

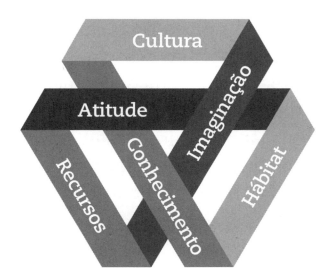

Há ótimos exemplos desse tipo de transformação no mundo todo, em que empreendedores individuais trabalharam em cima de sua motivação e imaginação para criar novos centros de inovação em locais improváveis. Daniel Isenberg, de Babson, descreve esse fato muito bem na publicação "How to Start an Entrepreneurial Revolution":

Recentemente ficou claro que até mesmo uma ação de sucesso pode ter um efeito surpreendentemente estimulante em um ecossistema empreendedor – ao ativar a imaginação do público e imitadores em potencial. Chamo esse efeito de "lei dos pequenos números". O fato de que milhões se tornaram usuários do Skype e sua venda por US$ 2,6 bilhões para o eBay reverberaram no pequeno país da Estônia, encorajando pessoas com alto treinamento técnico a começar suas próprias empresas. Na China, o *market share* da Baidu assim como o reconhecimento internacional inspiraram uma geração inteira de novos empreendedores[78].

DE DENTRO PARA FORA E DE FORA PARA DENTRO

Isenberg conta a história de um jovem na Arábia Saudita, Abdulla Al-Munif, que rompeu com as expectativas tradicionais para lançar um negócio de chocolates que eram vendidos em quiosques dentro de outras lojas. Seu negócio, Anoosh, cresceu, tornou-se uma rede nacional de lojas e Abdulla Al-Munif passou a ser um herói local, admirado e imitado por outros jovens da Arábia Saudita.

Essa filosofia foi abraçada pela Endeavor, uma organização que tem como objetivo identificar e empoderar empreendedores com alto potencial nos países em desenvolvimento. Com escritórios na América Latina, no Oriente Médio e na África, a Endeavor cria modelos de negócios em cada região. Esses empreendedores que, com ousadia e criatividade, começam negócios em suas comunidades tornam-se ícones de sucesso e mudam o cenário em relação ao que pode ser conquistado em cada região. Basicamente, como pessoas, eles mudam a cultura inteira de suas comunidades, deixando-as mais abertas, democráticas e com o espírito de apoiar as futuras inovações. A chave, como diz Isenberg, é "incentivar soluções caseiras, algumas baseadas em realidades de suas próprias circunstâncias: sejam os recursos naturais, a localização geográfica, seja a cultura".

Existem muitos casos marcantes de empreendedorismo na Endeavor[79]. Por exemplo, Wenceslao Casares (Wences), que nasceu numa região remota da Patagônia, juntamente com Meyer Malka (Micky), de Caracas, na Venezuela, decidiram começar o primeiro site de corretagem on-line na Argentina. A empresa, chamada Patagon, rapidamente expandiu seus serviços para toda a América Latina e foi comprada pelo Banco Santander, na Espanha. Wences e Micky tornaram-se modelo em toda a América Latina, assim como investidores e mentores. Como resultado disso, várias empresas foram inauguradas com a ajuda deles e centenas foram inspiradas em seu sucesso. Sua iniciativa, literalmente, ativou uma revolução empreendedora na região que teve efeitos duradouros na economia e na qualidade de vida de dezenas de pessoas.[80]

Essa história se repete em outras regiões do mundo. David Wachtel, da Endeavor, compartilhou a história de Fadi Ghandour, na Jordânia, que fundou uma empresa de entregas chamada Aramex. Essa iniciativa cresceu e ela tornou-se a primeira do Oriente Médio a ser incluída na Nasdaq. Fadi tornou-se um modelo local e investidor, e está ativo na promoção do empreendedorismo como membro da diretoria da Endeavor. Ele está ajudando a ativar a evolução de muitas outras iniciativas, incluindo Maktoob, um portal de internet em árabe que foi vendido para o Yahoo. Essa venda levou a outra grande gama de investidores e mentores que, por sua vez, ativaram a fundação de outras iniciativas.

Muitas histórias inspiradoras da Endeavor não envolvem negócios de alta tecnologia. Por exemplo, no Egito, duas irmãs, Hind e Nadia Wassef, começaram uma rede de livrarias no Cairo. O negócio delas não só prosperou, como essas lojas também se tornaram centros culturais para a comunidade, criando um ecossistema para o compartilhamento de ideias. E na África do Sul, Cynthia Mkhomba começou um negócio de prestação de serviços de limpeza. Ela agora emprega aproximadamente mil pessoas, ajudando-as a sair da pobreza. É importante lembrar que cada uma dessas iniciativas é um motor virtual para a criação de ideias que, por sua vez, produzem novas iniciativas.

Para dar aos alunos a experiência de ver oportunidades onde os outros não enxergam, lançamos um Torneio de Inovação Global, em Stanford, alguns anos atrás, no qual os alunos recebiam cinco dólares ou um objeto simples, como uma garrafa de água ou vários elásticos. Pedíamos que gerassem

QUALQUER COISA, OU TODAS ELAS, PODE ATIVAR SUA MÁQUINA DA INOVAÇÃO – TODA PALAVRA, TODO OBJETO, TODA DECISÃO E TODA AÇÃO.

o máximo de valor possível com esses objetos. Os resultados, descritos detalhadamente no livro *Se eu soubesse aos 20*, apontam para o fato de que tudo, mesmo um monte de elásticos, pode ser transformado em algo de verdadeiro valor. Na verdade, muitos desses projetos que duram várias semanas se transformaram em empresas que já existem e estão em desenvolvimento há anos.

Recebi mensagens de pessoas do mundo todo que realizaram esse projeto dos cinco dólares – mudando a moeda, mas não o conceito – incluindo Estados Unidos, Índia, Coreia, Quênia, Tailândia, Canadá e Japão. Por exemplo, no Quênia, uma organização chamada LivelyHoods, fundada por Maria Springer, usou esse projeto para selecionar jovens em situação de rua para participar de um novo programa feito para tirá-los das ruas e lhes dar empregos reais. LivelyHoods foi criada para ajudar os jovens desempregados das favelas que mal sobrevivem coletando plástico, lavando carros ou recorrendo à prostituição. Seu objetivo era criar uma maneira de esses jovens ganharem um salário e terem uma vida melhor[81].

Quando os candidatos chegam aos escritórios da LivelyHoods para ingressar no programa, a equipe da organização os coloca em duplas e lhes dá duas horas para conseguir arrecadar o quanto puderem, começando com pouco dinheiro. Uma vez, assim que as equipes iniciaram a tarefa, um temporal começou a cair. Uma dupla comprou tomates e tentou revendê-los na esquina e outra fez o mesmo com pirulitos. Porém, uma terceira equipe olhou ao redor e decidiu usar a chuva ao seu favor. Em vez de usar o dinheiro que tinham recebido, usaram a chuva. Eles correram para a estação de água nos subúrbios da cidade, onde as mulheres buscam água para suas famílias, e se ofereceram para carregar os grandes baldes de dez litros. As mulheres adoraram não ter de andar até suas casas com aquele peso, em meio à tempestade, e concorda-

DE DENTRO PARA FORA E DE FORA PARA DENTRO

ram em pagar o equivalente a doze centavos pelo serviço. Os jovens foram e voltaram à estação de água e depois retornaram ao escritório da LivelyHoods, ensopados, ao final das duas horas. Eles perceberam que os bens mais valiosos que tinham naquele momento eram a chuva e sua força. Aproveitando ambos, geraram mais valor do que seus colegas, que tentaram vender tomates e doces.

Acabei de voltar do Japão, onde passei uma tarefa ainda mais desafiadora a um grupo de quarenta estudantes na Universidade de Osaka. Em vez de começar com algo de pouco valor, como cinco dólares ou elásticos, desafiei os participantes a criarem o máximo de valor possível com o conteúdo de uma lata de lixo em duas horas. Enquanto estava lá, enviei uma mensagem a vários colegas pelo mundo e pedi a eles que sugerissem a seus alunos que também participassem. Como resultado, tivemos equipes na Tailândia, Coreia, Irlanda, Equador e Taiwan participando desse desafio simultaneamente.

Em princípio, os alunos pensaram que a tarefa era uma loucura. Como poderiam gerar algo do lixo? Mas esse desafio os motivou a contemplar o significado de "valor". Passaram horas discutindo o que era valor para cada um e trouxeram coisas como saúde, felicidade, comunidade, conhecimento e segurança financeira. Essas reflexões os levaram a olhar o conteúdo de cada lata de lixo sob uma nova perspectiva.

Os resultados dessa tarefa foram fascinantes e muito diversos. Uma equipe do Japão levou cabides velhos e embalagens de plástico de uma lavanderia e criou apoios que podem ser usados para sentar na grama no campus. Eles pintaram jogos de tabuleiro nos apoios para que os alunos pudessem jogar enquanto passavam o tempo. Uma equipe do Equador criou uma escultura linda de um pássaro com lixo orgânico, e uma equipe da Tailândia fez um espetacular elefante esculpido em um coco. Na Irlanda, um grupo transformou várias meias velhas em uma linda blusa. E em Taiwan, os estudantes fizeram uma coleção de brinquedos para crianças usando o conteúdo de uma única lata de lixo. Depois, um dos alunos disse: "Não tinha ideia de que éramos tão criativos!".

Esses projetos interativos são feitos para demonstrar que começando com basicamente nada é possível criar inovações incríveis. No desafio da lata de lixo, os alunos usaram seu próprio conhecimento, a imaginação e a atitude para criar algo do nada e eu forneci o hábitat, a cultura e os recursos para estimular o processo. Isso é importante. Os alunos já tinham as habilidades inatas necessárias, mas o hábitat criado por nossa sala de aula e as regras da tarefa ativaram sua motivação e libertaram sua criatividade. A Máquina da Inovação capta o relacionamento entre todos esses fatores:

→ Seu *conhecimento* provê o combustível para sua imaginação.
→ Sua *imaginação* é a catalisadora da transformação do conhecimento em ideias.
→ Esse processo é influenciado por diversos fatores no seu ambiente, inclusive *recursos*, *hábitat* e *cultura*.
→ Sua *atitude* é uma faísca poderosa que ativa a Máquina da Inovação.

Basicamente, a criatividade é um recurso infinito, iniciado por sua motivação para abraçar desafios e cultivar as oportunidades. Qualquer coisa, ou todas elas, pode ativar sua Máquina da Inovação – toda palavra, todo objeto, toda decisão e toda ação. A criatividade pode ser desenvolvida ao moldar sua habilidade de observar e aprender, conectando e combinando ideias, emoldurando problemas e superando as primeiras respostas certas. Você pode aumentar seu resultado criativo construindo hábitats que incentivem a resolução de problemas, a criação de ambientes que apoiem a geração de novas ideias, a construção de equipes que sejam otimizadas para a inovação e a contribuição para uma cultura que incentive a experimentação.

Você tem as chaves da sua Máquina da Inovação e tem um gênio criativo esperando para ser solto. Ao tocar esse recurso natural, você tem o poder de superar os desafios e criar oportunidades de todas as dimensões. Suas ideias – grandes ou pequenas – são o ponto de partida essencial para a inovação que nos impulsiona para a frente. Sem a criatividade, você fica preso em um mundo que não só está estagnado, mas que dá passos para trás. Assim, somos responsáveis por inventar o futuro. Dê a partida.

AGRADECIMENTOS

Este livro é o produto da minha própria Máquina da Inovação e, sem cada um dos componentes, ele não teria se tornado realidade. O projeto começou com a observação, enquanto eu estudava o que estava acontecendo no meu curso de criatividade, na Universidade de Stanford, e no meu trabalho com os alunos, professores e empresas pelo mundo. Desenvolvi meu conhecimento ao conduzir entrevistas com dezenas de pessoas que me ajudaram a expandir meu entendimento sobre a criatividade.

Agradeço a todos aqueles que usaram seu tempo para conversar comigo e compartilhar suas histórias e reflexões, incluindo Alan Murray, Alistair Fee, Ann Miura-Ko, AnnaLee Saxenian, Arthur Benjamin, Brendan Boyle, David Friedberg, David Wachtel, Dennis Boyle, Diego Piacentini, Elise Bauer, Elizabeth Weil, Eric Ries, Ewan McIntosh, Forrest Glick, Freada Kapor Klein, Heidi Neck, James Plummer, Jean Boudeguer, Jeanne Gang, Jeff Hawkins, Jesse Cool, John Adler, Josh Makower, Julian Gorodsky, Kevin Systrom, Leticia Britos, Liz Gerber, Lonny Grafman, Lynn Tennefoss, Maria Springer, Mark Zdeblick, Matthew May, Meyer Malka, Michael Barry, Michael Krieger, Michael White, Michele Barry, Mir Imran, Mitch Kapor, Nancy Isaac, Nicolas Shea, Patricia Ryan Madson, Paul Hudnut, Peggy Burke, Peter Diamandis, Randi Zuckerberg, Robert Siegel, Rodrigo Jordan, Rory McDonald, Sam Wineburg, Scott Doorley, Scott Summit, Shaun Young, Steve Blank e Trip Adler.

Esta obra também teve um ambiente de apoio que tenho a sorte de ter na Universidade de Stanford, especificamente o Department of Management Science and Engineering e também o Hasso Plattner Institute of Design. Meus grandes colegas me deram enorme incentivo para as empreitadas criativas. Um agradecimento especial a Angela Hayward, Bernie Roth, Bob Sutton, Charlotte Burgess Auburn, David Kelley, Forrest Glick, George Kembel, Jim Plummer, John Hennessy, Julian Gorodsky, Kathy Eisenhardt, Leticia Britos, Matt Harvey, Maureen Carroll, Michael Barry, Nicole Kahn, Nikkie Salgado, Peter Glynn, Rebecca Edwards, Sarah Stein Greenberg, Shilpa Thanawala, Steve Barley, Steve Blank, Susie Wise, Terry Winograd e Tom Byers.

Também tive recursos valiosos e incríveis no meu ambiente, inclusive meu editor maravilhoso, Mark Tauber, meu editor inspirador, Gideon Weil, e a sempre paciente e talentosa editora de produção Suzanne Quist. Também recebi feedback e conselhos valiosos de críticos que separaram um tempo para ler um rascunho do manuscrito. São eles: Aaron Kalb, Allison Fink, Jerry Seelig, Josh Tennefoss, Leticia Britos, Lorraine Seelig, Michael Tennefoss, Moritz Sudof e Steve Blank.

Aproveitei ao máximo a cultura do Vale do Silício, que reforçou minha vontade de fazer experiências infinitas enquanto terminava este livro. Também me inspirei naqueles ao meu redor que abraçaram projetos muito mais desafiadores do que este e encontraram formas de atingir seus objetivos. Eles serviram como grandes modelos de atuação em sua trajetória.

Todos esses fatores deram combustível para minha imaginação enquanto tentava encontrar uma forma de trazer ordem aos pensamentos que adquiri sobre criatividade. Na verdade, só quando acabei de escrever o primeiro rascunho desta obra as peças começaram a se encaixar e a Máquina da Inovação começou a ganhar corpo. Naquela época, eu refiz o livro todo, conectei, combinei os capítulos e desafiei muitos dos meus pensamentos iniciais sobre criatividade e inovação.

AGRADECIMENTOS

O projeto todo foi motivado pelo meu desejo de entender o processo criativo e compartilhar minhas reflexões. Queria contribuir com algo significativo para o debate global sobre inovação, com base nos meus anos de experiência em sala de aula.

Nada disso teria acontecido sem o apoio maravilhoso do meu marido, Michael, e do nosso filho, Josh. Ambos ouviram minhas ideias sobre criatividade durante anos e sempre se engajaram com entusiasmo. Os insights deles estão inseridos aqui de infinitas maneiras.

Finalmente, este livro é dedicado a uma das minhas melhores amigas, Sylvine, que faleceu enquanto eu estava escrevendo esta obra. Para Sylvine, a vida foi uma oportunidade infinita de criar significado para ela e para os outros. Durante trinta anos, ela foi minha musa e mentora. Sinto muito sua falta.

NO TAS

Introdução
1 Sarah Lyall. "Oxford Tradition Comes to This: Death (Expound)", *The New York Times*, 27 de maio, 2010.
2 Lyall. "Oxford Tradition Comes to This".
3 Charlie Rose entrevistou Eric Kandel em seu programa de televisão, discutindo sobre a criatividade e o cérebro (www.charlierose.com/guest/view/210).
4 Charles Limb. "Inner Sparks", *Scientific American*, maio de 2011, p. 84-87.
5 Allan Snyder; John Mitchel; Terry Bossomaier e Gerry Pallier. "The Creativity Quotient: An Objective Scoring of Ideational Fluency", *Creativity Research Journal* 16, n. 4 (2004): 415-20.

Capítulo 1 – Comece uma revolução
6 Veja *Powers of Ten* em www.youtube.com/watch?v=0fKBhvDjuy0.
7 Você pode ver o vídeo de Joshua Bell em www.youtube.com/watch?v=hnOPu0_YWhw.
8 Derek Sivers. *Esquisito ou apenas diferente*. TED Talks, novembro de 2009. www.ted.com/talks/derek_sivers_weird_or_just_different?language=pt.
9 Saiba mais sobre restaurantes instantâneos em popuprestaurants.com.
10 Veja *Tesco: Homeplus Subway Virtual Store* em www.youtube.com/watch?v=GEw-vh_8MQb8.
11 Você pode assistir a uma palestra de Scott Summit em ecorner.stanford.edu.
12 Assista a um vídeo sobre o projeto "Reading like a historian" em www.youtube.com/watch?v=wWz08mVUIt8.

Capítulo 2 – Que venham as abelhas
13 John Cassidy e Brendan Boyle. *The Klutz Book of Inventions*. Palo Alto, CA: Klutz Press, 2010.
14 Matthew E. May. "What Winning The New Yorker Caption Contest Taught me about creativity", 23 de junho, 2011. Disponível em: www.americanexpress.com/en-us/business/trends-and-insights/articles/what-winning-the-new-yorker-caption-contest--taught-me-about-creativity/.
15 Matt Ridley. "Humans: Why They Triumphed", *Wall Street Journal*, 22 de maio, 2010.
16 AnnaLee Saxenian. *Regional Advantage*: Culture and Competition in Silicon Valley and Route 128. Cambridge, MA: Harvard University Press, 2006.
17 Steve Jobs, 1994 (www.youtube.com/watch?v=CW0DUg63lgU).
18 "World's Coolest Office Competition". (www.architizer.com/en_us/blog/dyn/31597/and-the-winners-are).
19 Sabin Russell. "Lizards: Slow Lyme Disease in West", *San Francisco Chronicle*, 17 de abril de 1998.
20 Adam Gorlick. "Is Crime a Virus or a Beast?", *Stanford Report*, 23 de fevereiro de 2011.

Capítulo 3 – Construa, construa, construa, salte!
21 Tim Hurson. *Think Better*: An Innovator's Guide to Productive Thinking. New York: McGraw-Hill, 2007.

ENCONTRE SUA CRIATIVIDADE

22 Genrich Altshuller. *Creativity as an Exact Science*. Nova York: Gordon e Breach, 1984.
23 Kevin Roebuck. TRIZ: Theory of Inventive Problem Solving: High-Impact Strategies—What You Need to Know: Definitions, Adoptions.
24 *Impact, Benefits, Maturity, Vendors*. Richmond, VA: Tebbo, 2011.
25 Alex Faickney Osborn. *Applied Imagination*: Principles and Procedures of Creative Problem-Solving, 3. ed. Nova York: Scribner, 1963.
26 Tom Kelley. *The Art of Innovation*: Lessons in Creativity from IDEO, America's Leading Design Firm. Nova York: Currency, Doubleday, 2001.
27 Para informações sobre o National Center for Engineering Pathways to Innovation, acesse epicenter.stanford.edu.

Capítulo 4 – Você está prestando atenção?
28 Richard Wiseman. "The Luck Factor", *Skeptical Inquirer*, maio/junho de 2003.
29 David Foster Wallace. "Commencement Address", Faculdade Kenyon, 21 de maio, 2005.
30 Você pode assistir a uma palestra de Steve Blank em ecorner.stanford.edu.
31 Palestras de Davie Friedberg disponíveis em ecorner.stanford.edu.
32 Jeff Hawkins e Sandra Blakeslee. *On Intelligence*. New York: Times Books, 2004.
33 Jerry Seinfeld (www.seinology.com/scripts/script-14.shtml). [A apresentação mencionada pode ser vista em www.youtube.com/watch?v=8upe9t3XO_0 – N.E.]
34 A extensiva coleção de fotos de Bob Siegel, do mundo todo, pode ser vista em www.stanford.edu.
35 Twyla Tharp, *The Creative Habit*: Learn it and Use it for Life. Nova York: Simon & Schuster, 2005.
36 Conteúdos com Mir Imran disponíveis em ecorner.stanford.edu.

Capítulo 5 – Reinado da mesa
37 Scott Doorley e Scott Witthoft. *Make Space*: How to Set the Stage for Creative Collaboration. Hoboken, NJ: Wiley, 2012.
38 R. S. Ulrich. "View Through a Window May Influence Recovery from Surgery", *Science* 224, n. 4647 (1984): 420-21.
39 Ori Brafman e Rom Brafman Click: *The Forces Behind How We Fully Engage with People, Work and Everything We Do*. Nova York: Crown Business, 2010. Você pode assistir a um vídeo do debate com Ori Brafman em Stanford em ecorner.stanford.edu.
40 Adrian North. "The Effect of Background Music on the Taste of Wine", British Journal of Psychology, 7 de setembro, 2011.
41 Ewan McIntosh. "Clicks & Bricks: When Digital, Learning and Physical Space Meet", 3 de outubro, 2010. edu.blogs.com.

Capítulo 6 – Pense nos cocos
42 Você pode assistir a vídeos de Marissa Mayer em ecorner.stanford.edu.
43 Teresa Amabile; Constance Hadley e Steve Kramer. "Creativity Under the Gun", *Harvard Business Review*, agosto de 2002.
44 Você pode assistir a vídeos de Stephanie Tilenius, do eBay, em ecorner.stanford.edu.
45 Eric Ries. *The Lean Startup*: How Today's Entrepreneurs Use Continuous Innovation to Create Radically Successful Businesses. Nova York: Crown Business, 2011. [A *startup*

NOTAS

enxuta: como usar a inovação contínua para criar negócios radicalmente bem-sucedidos. Rio de Janeiro: Sextante, 2019.] Uma palestra de Eric Ries está disponível em ecorner.stanford.edu.

46 Rachel Fershleiser e Larry Smith. Not Quite What I Was Planning: Six-Word Memoirs by Writers Famous and Obscure, de revista *SMITH*. Nova York: HarperPerennial, 2008.

Capítulo 7 – Mude a ração do gato de lugar

47 Tom Chatfield. *7 maneiras pelas quais os jogos recompensam o cérebro*, TED Talks, julho de 2010. www.ted.com/talks/tom_chatfield_7_ways_games_reward_the_brain?language=pt-br.

48 Joe Nocera. "Is This Our Future?", *New York Times Sunday Review*, 25 de junho, 2011.

49 Written? Kitten!, writtenkitten.co e Write or Die, writeordie.com.

50 Robert Sutton. *Weird ideas that work*: 11 ½ practices for promoting, managing and sustaining innovation. Nova York: Free Press, 2002.

51 The fun theory (thefuntheory.com).

52 Ira Glass. "Two Steps Back", *This American Life*. www.thisamericanlife.org/radio-archives/episode/275/two-steps-back.

Capítulo 8 – Cobertura de marshmallow

53 Edward de Bono. *Six Thinking Hats*. Boston: Little, Brown, 1985. [No Brasil, o livro foi lançado com o título Os Seis Chapéus do Pensamento, pela Editora Sextante, em 2008 – N.E.]

54 Malcolm Gladwell. "The Bakeoff", *New Yorker*, 5 de setembro, 2005.

55 Tom Wujec. *Construa uma torre, construa uma equipe*, TED Talks, fevereiro de 2010. www.ted.com/talks/tom_wujec_build_a_tower_build_a_team?language=pt-br.

56 Haygreeva Rao; Robert Sutton e Allan P. Webb. "Innovation Lessons from Pixar: An Interview with Oscar-Winning Director Brad Bird", *McKinsey Quarterly*, abril de 2008.

57 Marcial Losada. "The Complex Dynamics of High-Performance Teams", *Mathematical and Computer Modelling 30*, n. 9-10 (1999): 179-92.

58 John Kounios e Mark Beeman. "The Aha! Moment: The Cognitive Neuroscience of Insight", *Current Directions in Psychological Science 18*, n. 4 (agosto de 2009): 210-16.

Capítulo 9 – Mova-se rapidamente e quebre as coisas

59 Jonah Lehrer. "Every Child Is a Scientist", *Wired*, 28 de setembro de 2011. www.wired.com/wiredscience/2011/09/little-kids-are-natural-scientists.

60 Richard Maulsby, diretor de relações públicas do escritório de patentes dos Estados Unidos, citado no artigo de Karen E. Klein, "Avoiding the Inventor's Lament", Business Week, 10 de novembro de 2005.

61 Paul Kedrosky. "Vinod Khosla on Failure: Take More Risk", *Seeking Alpha*, 27 de outubro de 2009. seekingalpha.com/article/169278-vinodkhosla-on-failure-take-more-risk.

62 Gever Tulley. *Gever Tulley ensina lições de vida através da bricolagem*, TED Talks, fevereiro de 2009. www.ted.com/talks/gever_tulley_life_lessons_through_tinkering?language=pt-br.

ENCONTRE SUA CRIATIVIDADE

63 Você pode assistir a vídeos de Mir Imran em ecorner.stanford.edu.
64 PostSecret. www.postsecret.com.
65 Startup Weekend. startupweekend.org.
66 Sebastian Thrun. "What We're Driving At", googleblog.blogspot.com/2010/10/what-were-driving-at.html.

Capítulo 10 – Se algo puder dar errado, conserte!
67 Start-Up Chile. www.startupchile.org.
68 Baba Shiv. "Why Failure Drives Innovation", *Stanford Graduate School of Business News*, março de 2011. www.gsb.stanford.edu/news/research/ShivonFailureandInnovation.html.
69 Você pode ver uma entrevista com John Adler e seu filho, Trip, em ecorner.stanford.edu.
70 Catherine Trimmesh. *Team Moon: How 400.000 People Landed Apollo 11 on the Moon.* Nova York: Houghton Mifflin, 2006.
71 Leigh Buchanan. "Finding Jobs for Ex-Offenders", *Inc.*, maio de 2011.

Capítulo 11 – De dentro para fora e de fora para dentro
72 Saiba mais sobre o Elephant Nature Park em www.elephantnaturepark.org.
73 Mark Twain. *A Connecticut Yankee in King Arthur's Court*, 1889, cap. 34.
74 Karl K. Szpunar e Katlhleen B. McDermott. "Episodic Future Thought: Remembering the Past to Imagine the Future", em K.D. Markman, W. M. P. Klein e J. A. Suhr (eds.). *Handbook of Imagination and Mental Stimulation*. Nova York: Bell Tower, Crown, 2005.
75 Patricia Ryan Madson. *Improv Wisdom*: Don't Prepare, Just Show Up. Nova York: Bell Tower Crown, 2005.
76 Jason S. Moser; Hans S. Schroder; Carrie Heeter; Tim P. Moran e Yu-Hao Lee. "Mind Your Errors: Evidence for a Natural Mechanism Linking Growth Mind-set to Adaptive Posterior Adjustments", *Psychological Science*.
77 Marina Krakovsky. "The Effort Effect", *Stanford Magazine*, março/abril de 2007.
78 Daniel Isenberg, "How to Start an Entrepreneurial Revolution", *Harvard Business Review,* junho 2010.
79 Saiba mais sobre a Endeavor em www.endeavor.org.
80 Você pode ver uma palestra de Wences Casares e Meyer Malka em ecorner.stanford.edu.
81 Saiba mais sobre LivelyHoods em livelyhoods.org.

COMPRE UM ·LIVRO· doe um livro

Sua compra tem um propósito.

Saiba mais em www.belasletras.com.br/compre-um-doe-um

Este livro foi composto em Caecilia e impresso em papel pólen 70 g pela gráfica Copiart em janeiro de 2021.